Ursula Fellmann

Neue Tisch- und Raumdekorationen in
Artischockentechnik

Urania-Ravensburger

Inhalt

Einleitung

Dass Basteln in Artischockentechnik zu einem so beliebten Hobby geworden ist, verwundert nicht, betrachtet man die zauberhaften Dekorationen und Geschenke, die mit etwas Fantasie oft ganz leicht zu arbeiten sind.
Anfänger sollten mit dem Bestecken von Styroporkugeln beginnen. Die Kugel ist – auch wenn es häufig gar nicht so aussieht – die einfachste Form. Üben Sie hier die unterschiedlichen Stecktechniken und erlangen Sie so die Fingerfertigkeit für schwierigere Formen wie beispielsweise Herzen.
Die in diesem Buch vorgestellten Ideen werden Sie zu vielen eigenen Kreationen und Kombinationen anregen. Schritt-für-Schritt-Fotos zeigen Ihnen genau, was bei den wesentlichen Arbeitsgängen zu beachten ist.

MATERIAL

Styroporformen

Ob Kugeln, Eier, Zapfen, Herzen, Kränze, Rahmen, Monde, Sterne, Glocken, Kegel, Medaillons, Dosen, Leuchter, Hufeisen oder Tierformen – das Angebot in den Hobbyfachgeschäften bietet eine riesige Auswahl an Styroporformen in unterschiedlichen Größen. Achten Sie beim Kauf Ihrer Styroporrohlinge unbedingt auf gute Qualität. Ist das Styropor zu weich, bricht es häufig beim Bestecken.
Für das leichtere Bestecken von Styroporkugeln gibt es einen einfachen Trick: Setzen Sie die Kugel auf eine Tasse, auf einen passenden Blumentopf oder bohren Sie einen Stab in den Teil der Kugel, den Sie zuletzt bearbeiten werden. Den Stab stecken Sie in Blumensteckmasse. Sie können nun ungestört arbeiten und müssen die Kugel nicht immer wieder in die richtige Position bringen.
Wenn Sie Klebstoff in direkten Kontakt mit Styropor bringen müssen, verwenden Sie beispielsweise einen Spezialkleber wie Uhu por oder Heißkleber, der mit der Klebepistole aufgetragen wird. Manche Klebstoffe zerfressen Styropor; erkundigen Sie sich vor dem Kauf bei Ihrem Fachverkäufer.
Ist es für Ihre Bastelarbeit erforderlich, die Styroporform einzufärben, verwenden Sie hierfür PLAKA- oder Granitfarben. Sprays sind ungeeignet, da die Farbe das Styropor ähnlich wie bei manchen Klebstoffen zerstört.
Das Problem des Einfärbens stellt sich meist bei Styroporschachteln, da deren Inneres im Gegensatz zu der üppig besteckten Außenseite unbearbeitet etwas „ärmlich" wirkt. Alternativ zum Einfärben bzw. Bemalen können Sie die Innenseiten mit Bändern oder mit Stoff auskleben.
In der Regel verwenden Sie für das Bestecken von Styroporformen Bastelnadeln von 16 mm Länge. Für Styropordosen und dünne Rahmen sollten Sie mit Bastelnadeln von 10 mm Länge arbeiten, da das Styropor ansonsten stark zerstochen wird und möglicherweise sogar bricht. Die speziellen Bastelnadeln erhalten Sie im Fachgeschäft.
Müssen Sie Styroporformen zerteilen oder kappen, verwenden Sie hierzu am besten ein sehr scharfes Küchenmesser mit großer, breiter Schneide oder einen großen Cutter; so erzielen Sie die besten Ergebnisse.
Häufig ist es nützlich, die Styroporform vor dem Bestecken in „Zonen" einzuteilen. Dies ist besonders dann

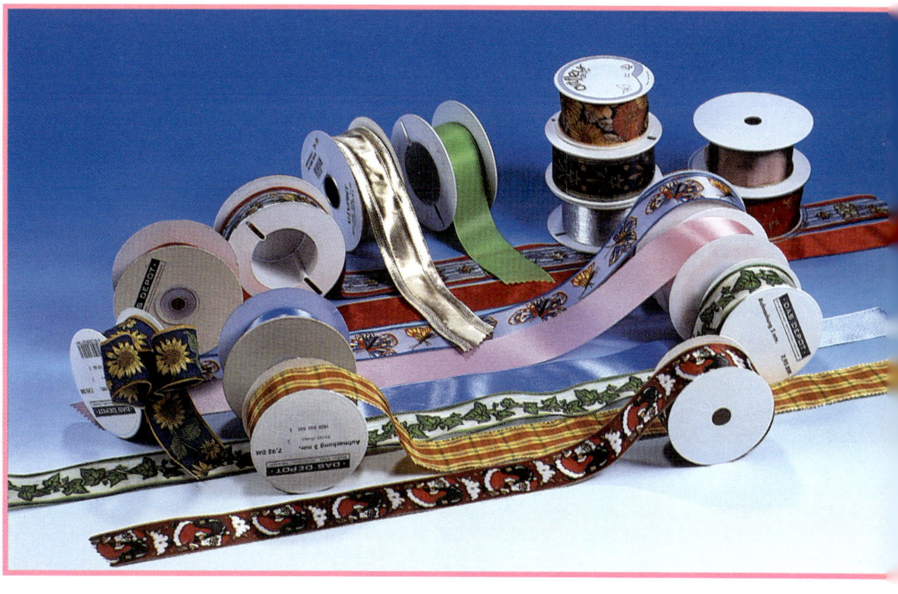

wichtig, wenn bestimmte Bereiche einer Form enger oder breiter besteckt werden müssen. Verwenden Sie für diese Markierung beispielsweise einen dünnen Filzstift.

Bänder, Bordüren, Kordeln und Spitzen

In der Artischockentechnik wird hauptsächlich mit Bändern in der Breite von 4 cm gearbeitet. Es gibt Bänder, die nach amerikanischem Maß gemessen werden und nur 3,6 cm breit sind. Natürlich können Sie diese Bänder ebenfalls für die Artischockentechnik einsetzen.

In Bastelfachgeschäften, in Papeteriegeschäften, in Geschäften für Nähbedarf und auch im Warenhaus erhalten Sie eine Vielzahl von Uni- oder Motivbändern – ob Taft- oder einfache Satinbänder – die sich hervorragend falten lassen. Schwerere, hochwertige Satinbänder und auch Spitze sind schwieriger zu formen. Bügeln Sie Ihre Banddreiecke aus solchen Materialien vor dem Aufstecken, so verrutschen sie nicht und die Arbeit geht Ihnen viel leichter von der Hand.

Mit gestärkten Stoffbändern lässt es sich sehr gut arbeiten. Drahtverstärkte Bänder haben den zusätzlichen Vorteil, dass sie sich beispielsweise nach innen oder außen biegen lassen, ihre Form behalten und sich dadurch tolle Effekte erzielen lassen. Daneben sind drahtverstärkte Bänder besonders gut für schöne Schleifen geeignet, da sie immer den Stand behalten.

Grundsätzlich gilt: Je besser die Qualität der verwendeten Bänder zum Aufstecken ist, desto edler wirkt das fertige Objekt und desto haltbarer ist es auch.

Schaffen Sie sich einen Vorrat von schönen Bordüren unterschiedlicher Breite und hübschen gedrehten Kordeln an. Diese sind besonders wertvoll, wenn es darum geht, Abschlüsse zu „verkleiden". Schmale Satinbänder – 5 mm oder 3 mm breit – lassen sich wunderbar mit Heißkleber aufbringen, dienen der exakten Versäuberung und sind ideal für Aufhängungen und kleine einfache oder doppelte Schleifen.

Wenn Sie eine Aufhängung arbeiten, tarieren Sie diese vor der endgültigen Befestigung genau aus. Zum Anbringen der Aufhängung ziehen Sie diese möglichst durch einen Bastelhaken, den Sie tief in Ihre Styroporform stecken und zusätzlich mit Heißkleber fixieren.

Das genaue Zuschneiden der Bänder für die Artischockentechnik ist unabdingbar für die spätere korrekte Faltung und das exakte Aufstecken.

Den Zuschnitt der Bänder erleichtern Sie sich, wenn Sie sich ein Maß aus Pappe in der gewünschten Länge zuschneiden. Das dauernde Anlegen des Maßbandes entfällt somit. Eine weitere Möglichkeit ist auch, das Band einige Male um das Maß zu wickeln und es dann oben und unten an den Umbruchkanten durchzuschneiden. In jedem Fall ist es sehr nützlich, den Bedarf an Bandstücken vor dem Stecken zurechtzuschneiden. Sie können so wesentlich zügiger arbeiten und haben natürlich auch schneller ein erstes Erfolgserlebnis.

Zum Schneiden der Bänder und Bordüren sollte die Schere sehr scharf sein, ansonsten fransen die Bänder aus. Am besten und am saubersten arbeiten Sie mit der Zackenschere, die vorwiegend beim Schneidern zum Versäubern von Kanten und Nähten verwendet wird. Diese Schere ist nicht billig, aber die Anschaffung lohnt sich. Hinzu kommt, dass die in Zacken geschnittenen Bandenden hübsch aussehen.

Floristik und andere Dekorationen

Das Angebot im Fachhandel, aber auch in den Warenhäusern, ist heute sehr umfassend. Sie erhalten kunstvolle Seidenblumen und -blätter in allen Größen und Schattierungen, Trockenblumen, Gräser sowie andere Naturmaterialien in vielen Farben, künstliche Früchte, die von echten kaum zu unterscheiden sind. Neuerdings werden entzückende floristische Materialien aus fein geschöpftem Papier angeboten.
Rustikale Kordeln, Bast, Federn, Perlen oder Perlenschnüre sind oft das Tüpfelchen auf dem „i". Schauen Sie grundsätzlich nach reduziertem Floristikmaterial; es lohnt sich, auf Vorrat zu kaufen. Hat Sie die „Artischocken-Leidenschaft" nämlich erst einmal gepackt, werden Sie immer neue Kreationen schaffen wollen! Besonders nach den Oster- oder Weihnachtsfeiertagen sollten Sie nach „Schnäppchen" schauen. Spezielle Bänder und Dekorationen sind jetzt oft fast um die Hälfte preiswerter.

Für das Zusammenfügen einzelner floristischer Elemente verwenden Sie feinen Bastel- oder Blumendraht, der in verschiedenen Farben angeboten wird. Schneller geht es, wenn Sie Heißkleber verwenden. Jedoch ist Festgeklebtes dann nicht mehr ablösbar, ohne Schaden zu nehmen.

TECHNIK

Begonnen wird damit, dass die benötigten Bandmengen in gleich große Stücke geschnitten werden. Verknittertes oder schwer faltbares Band wird vorher von links gebügelt. Die Länge der Bandabschnitte ergibt sich aus der Bandbreite. Ist das Band beispielsweise 4 cm breit, schneiden Sie es in Stücke von je 8 cm Länge.
Falten Sie die einzelnen Abschnitte vor dem Aufstecken zu Dreiecken. Diese Dreiecke werden in der Artischockentechnik auch häufig als „Schuppen" bezeichnet. Runde, gewölbte oder ovale Formen wie beispielsweise Kugeln, Eier, Zapfen, Medaillons, Herzen, Dosen etc. werden in der Regel so begonnen, dass ein Quadrat aus Schleifenband mit 4 Bastelnadeln straff auf dem Styroporuntergrund festgesteckt wird. Für die 1. Reihe werden dann 4 Banddreiecke sich gegenüberliegend so aufgesteckt, dass ein Quadrat aus 4 Schuppen entsteht. Die 2. Reihe besteht wiederum aus 4 Schuppen, deren Spitzen 1 cm nach hinten versetzt in die Zwischenräume der ersten Schuppen gesteckt werden. Ab der 3. Reihe wird dann variiert. Das hängt davon ab, ob gerade, schräg oder sternenförmig gesteckt wird. Die Anleitungen und die entsprechenden Schritt-für-Schritt-Fotos beschreiben jeden Arbeitsschritt so genau, dass Sie keine Probleme beim Nacharbeiten haben werden. Wichtig ist, dass von Reihe zu Reihe der gleiche Abstand eingehalten wird, es sei denn, es ist in der Anleitung anders definiert. Verwenden Sie zum Feststecken einer einzelnen Schuppe immer 4 Bastelnadeln, je 1 Nadel an den Außenseiten und je 1 Nadel auf den inneren Bandkanten. So ist der Halt der Schuppe gewährleistet.

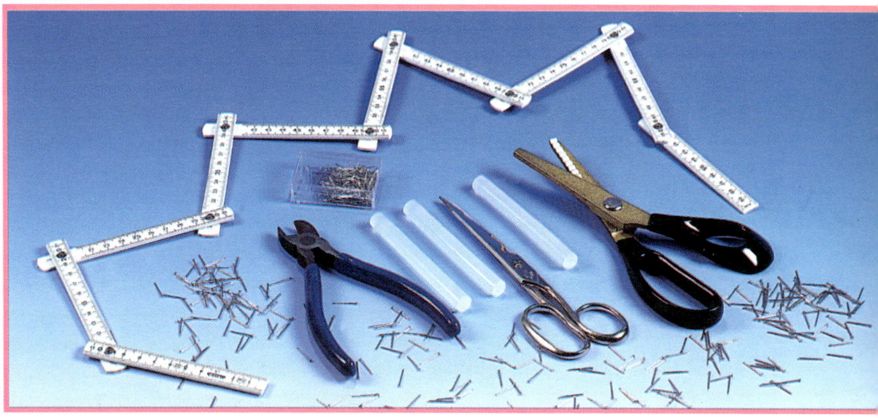

Wandkranz in frischen Frühlingsfarben

Material:

- 1 Styroporkranz, Ø 25 cm
- 10 m hellgrünes Band zum Umwickeln, 4 cm breit
- 1,12 m hellgrünes Band, 4 cm breit
- 2,40 m hellgrün-gelborange gemustertes Band, 4 cm breit
- 67 cm hellgrünes Satinband für den Kranzabschluss, 5 mm breit
- 4 kleine Blümchen für die Versäuberung des Bandabschlusses
- 70 cm hellgrünes Band für die Schleife, 4 cm breit
- 80 cm hellgrün-gelborange gemustertes Band für die Aufhängung, 4 cm breit
- 2,10 m hellgrünes Satinband für die Doppelschleifen, 5 mm breit
- 1 Efeuzweig
- 2 Rosenzweige mit kleinen Blättern
- 5 orangegelbe Röschen
- 3 weiße Rosen
- 2 orangefarbene Anemonen
- Bastelnadeln, 16 mm
- Basteldraht, Heißkleber, Zackenschere

So wird's gemacht:

1. Den Kranz umwickeln Sie eng mit dem hellgrünen Satinband. Bandanfang und Bandende stecken Sie jeweils mit 4 Bastelnadeln fest. Markieren Sie die untere, rechte und linke Mitte des Kranzes.

2. Schneiden Sie das gemusterte und das hellgrüne Band zum Bestecken in 8 cm lange Streifen. Falten Sie diese vor dem Aufstecken zu Dreiecken. Jedes Dreieck wird mit 4 Bastelnadeln auf der Styroporunterlage befestigt.

3. Stecken Sie je 1 Dreieck des gemusterten Bandes rechts und links an den Seiten auf die mit Stecknadeln fixierten Mitten. Stecken Sie die Dreiecke so, dass die untere Bandkante genau auf den fixierten Mitten sitzt (Abb.1).

4. Arbeiten Sie nun von den Seiten zur unteren Mitte hin. Auf jeder Seite werden je 10 gemusterte Dreiecke immer 1 cm nach unten versetzt bis zur unteren Mitte gesteckt.

5. Der so besteckte Kranzteil wird innen und außen zuerst durch 1 Reihe hellgrüner Banddreiecke und danach durch 1 Reihe bunter Dreiecke besteckt, wobei die bunten Dreiecke in die Zwischenräume der hellgrünen Dreiecke gesteckt werden (Abb. 2).

6. Innen und außen wird der in Artischockentechnik gearbeitete Kranzteil durch das Aufkleben des schmalen, hellgrünen Satinbandes versäubert. Die Bandanfänge und Bandenden werden mit kleinen Blümchen beklebt und damit unsichtbar gemacht.

7. Legen Sie nun das gemusterte Band für die Aufhängung um die obere Kranzmitte, verknoten Sie die Bandenden miteinander und verzieren Sie den Knoten mit einer hellgrünen Satinschleife.

8. Aus dem hellgrünen, schmalen Satinband binden Sie 2 Doppelschleifen, die Sie auf die obere und untere Kranzmitte kleben und die nun mit den übrigen Dekorationen üppig verziert werden. Der Schwerpunkt der Dekoration liegt auf der unteren Kranzmitte.

Abb. 1

Abb. 2

Dekorative Ente

Material:

- 1 Styroporente, ca. 23 cm lang
- 13,48 m buntes Band, 4 cm breit
- hellbeige Granitfarbe für Kopf und Hals
- braune PLAKA-Farbe für Schnabel und Füße
- 2 Glasaugen
- Bastelnadeln, 16 mm
- Zackenschere, Heißkleber

Abb. 2

So wird's gemacht:

1. Der Styroporkorpus wird von hinten beginnend – also vom Schwanz zum Kopf – besteckt. Auf das Schwanzende setzen Sie 1 Quadrat aus buntem Band, 4 x 4 cm, und stecken dieses mit 4 Bastelnadeln fest. Das mit der Zackenschere in 8 cm lange Stücke geschnittene Band falten Sie zu Dreiecken, die mit der gefalteten Seite nach außen auf die Ente gesteckt werden. Dies ergibt die federartige Optik.

2. Für die 1. Reihe stecken Sie 4 Dreiecke gegeneinander so auf das Bandquadrat, dass das Schwanzende durch die spitz zulaufenden Dreiecke bedeckt ist.

3. Für die 2. Reihe stecken Sie 4 Dreiecke 1 cm nach hinten versetzt in die Zwischenräume der 1. Reihe.

Abb. 1

Abb. 3

4. Für die 3. Reihe werden wiederum 4 Dreiecke in die Zwischenräume der 2. Reihe gesteckt.

5. Um den breiter werdenden Körper zu bedecken, werden ab der 4. Reihe 8 Banddreiecke aufgesteckt (Abb. 1 und 2). Diese werden auch immer 1 cm versetzt in die Zwischenräume der vorangegangenen Reihe gesteckt, bis die Ente bis zur Brust bedeckt ist (Abb. 3).

6. Um den Hals vorn abzudecken, wird links und rechts von ihm je 1 Dreieck aufgesteckt. Danach stecken Sie weitere Dreiecke 1 cm nach vorn versetzt auf. Der Halsbeginn sowie das erste Drittel der Brust ist somit mit Bändern bedeckt.

7. Den Rest der Brust bedecken Sie mit gerade aufgesteckten Dreiecken, die Sie oben beginnend nach unten arbeiten. Der Entenkörper ist nun völlig bedeckt (Abb. 4).

Abb. 4

8. Den Boden bestecken Sie ebenfalls mit Banddreiecken.

9. Den Entenkopf bemalen Sie mit Granitfarbe, die Sie zweimal auftragen, damit sie gut deckt. Die Farbe muss völlig trocken sein. Danach werden Schnabel und Füße mit brauner Farbe deckend bemalt. Zum Schluss kleben Sie die Glasaugen ein.

Kerzenleuchter zum Tauffest

Material:

- 1 kugelrunder Styroporkerzenhalter, Ø ca. 7 cm
- 2,56 m hellrosafarbenes Satinband, 4 cm breit
- 1,92 m weißes Spitzenband, 4 cm breit
- 1 weißer Porzellanteller, Ø ca. 15 cm
- 1 m weißes Satinband, 5 mm breit
- Rosenzweige, 2 kleine Schleierkrautzweige, Gänseblümchenblüten
- 1 rosafarbene Kerze, ca. 25 cm lang
- Bastelnadeln, 16 mm
- Zackenschere, Heißkleber

So wird's gemacht:

1. Für die ersten 10 Reihen sowie für die Innenbedeckung des Kerzenhalters benötigen Sie Bandstücke von 8 cm Länge. In die Kerzenleuchteröffnung ragend bringen Sie mit Bastelnadeln 4 sich gegenüberliegende rosafarbene Banddreiecke so an, dass der Kerzenrand bedeckt ist. Die Spitzen der Banddreiecke werden im Innern der Leuchteröffnung ebenfalls mit Bastelnadeln befestigt (Abb. 1).

2. Jetzt beginnen Sie mit der Abdeckung der Außenseite des Kerzenhalters. Für die 1. Reihe stecken Sie 4 rosafarbene Dreiecke sich gegenüberliegend so am Rand fest, dass die Öffnung für die Kerze bedeckt ist.

3. Für die 2. Reihe werden 4 weiße Spitzendreiecke in die Zwischenräume der 1. Bandreihe 1 cm nach unten versetzt aufgesteckt (Abb. 2).

Abb. 1 Abb. 2

4. Für die 3., 4. und 5. Reihe stecken Sie je 4 rosafarbene Dreiecke jeweils 1 cm nach unten versetzt in die sich ergebenden Zwischenräume.

5. Für die 6. und 7. Reihe werden je 4 weiße Spitzenbanddreiecke jeweils 1 cm nach unten versetzt angebracht. Die Reihen 8, 9 und 10 bestehen aus rosafarbenen Banddreiecken.

6. Für die 11. und 12. Reihe schneiden Sie das Spitzenband zu Stücken von 12 cm Länge zurecht, falten diese zu Dreiecken und stecken sie so auf den unteren Teil des Leuchters, dass ein schöner Abschluss entsteht.

7. Den Kerzenhalter kleben Sie mit Heißkleber auf den weißen Porzellanteller. Der untere Teil des Kerzenhalters wird mit einer Doppelschleife aus dem schmalen, weißen Satinband, den Zweigen und Blüten verziert. Zum Schluss wird die Kerze in den Halter gesteckt und ebenso wie der Teller zusätzlich mit Blüten dekoriert.

Ein weiteres Beispiel für die gerade Stecktechnik. Dieses große Ei – ca. 35 cm – benötigt natürlich sehr viel mehr Material, ist aber ein sensationeller Blickfang, besonders im Rahmen einer Fensterdekoration.

Material
für 1 gerade gestecktes Ei:

- 1 Styropor-Ei, ca. 8 cm lang
- 3,22 m bunt gemustertes Band, 2,5 cm breit
- 3,20 m dunkelgrünes Band, 2,5 cm breit
- 60 cm dunkelgrünes Satinband für die Aufhängung, 5 mm breit
- 2 x 70 cm dunkelgrünes Satinband für 2 Doppelschleifen, 5 mm breit
- 4 kleine Zweige mit Blättern
- ca. 9 kleine rot-violette Blüten
- Bastelnadeln, 16 mm
- 1 Bastelhaken
- Heißkleber, Zackenschere

So wird's gemacht:

1. Ein Stück dunkelgrünes Band, 2,5 x 2,5 cm, zum Verkleiden an der Spitze des Eies mit 4 Bastelnadeln befestigen. Das gemusterte und das grüne Band in 5 cm lange Streifen schneiden und vor dem Aufstecken zu Dreiecken falten.

2. 4 Dreiecke des bunten Bandes sich gegenüberliegend so aufstecken, dass die Spitze des Eies bedeckt ist (Abb. 1).

3. Für die 2. Reihe 4 Dreiecke des grünen Bandes 1 cm nach unten versetzt in die Zwischenräume der 1. Bandreihe stecken. Für die 3. Reihe wieder mit buntem Band arbeiten und weiter so fortfahren (Abb. 2), bis das Ei vollständig bedeckt ist.

4. Das dunkelgrüne Satinband für die Aufhängung durch den Bastelhaken ziehen, die Enden verknoten oder zu einer Schleife binden und den Bastelhaken in dem Styropor-Ei befestigen.

5. Aus den beiden grünen Satinbändern 2 Doppelschleifen binden und diese rechts und links neben den Bastelhaken kleben. Das Ei mit Blätterzweigen und Blümchen ausdekorieren.

Abb. 1 Abb. 2

Material
für 1 schräg gestecktes Ei:

- 1 Styropor-Ei, ca. 10 cm lang
- 5,12 m lila-grünes Band, 4 cm breit
- 4,84 m grünes Band, 4 cm breit
- 60 cm grünes Satinband für die Aufhängung, 5 mm breit
- 2 x 50 cm lila-grünes Band für die Schleifen, 4 cm breit
- 4 kleine grüne Blätterzweige
- 2 Margeritenblüten
- 5 andere gelbe Blüten
- 1 gelber Schmetterling
- Bastelnadeln, 16 mm
- 1 Bastelhaken, Basteldraht
- Zackenschere, Heißkleber

So wird's gemacht:

1. Ein Stück grünes Band, 4 x 4 cm, zum Verkleiden an der Spitze des Eies mit 4 Bastelnadeln befestigen. Das gemusterte und das grüne Band in 8 cm lange Streifen schneiden und vor dem Aufstecken zu Dreiecken falten.

2. Für die 1. Reihe 4 Dreiecke des gemusterten Bandes so auf das Ei stecken, dass die Eispitze bedeckt ist. Auf die Zwischenräume der 1. Bandreihe werden 4 Dreiecke des grünen Bandes 1 cm nach hinten versetzt gesteckt (Abb. 3).

3. Für die 3. Reihe werden 4 bunte Dreiecke 1 cm nach hinten versetzt auf die rechten Kanten der bunten Dreiecke der 1. Reihe gesteckt. Für die 4. Reihe werden 4 grüne Dreiecke 1 cm nach hinten versetzt auf die rechten Kanten der grünen Dreiecke der 2. Reihe gesteckt. So fahren Sie im Wechsel fort (Abb. 4), bis das Ei vollständig bedeckt ist.

4. Ziehen Sie das grüne Aufhängeband durch den Bastelhaken, verknoten Sie die Enden und befestigen Sie den Haken in dem Styropor-Ei. Binden Sie mit Hilfe von Basteldraht aus den beiden gemusterten Bändern schöne Schleifen, die Sie vor und hinter dem Bastelhaken befestigen. Nun wird das Ei mit Zweigen, Blüten und dem Schmetterling üppig dekoriert.

Abb. 3 Abb. 4

F arbenfroher Osterkranz mit Kerze

Material:

- 1 Styroporkranz, Ø 20 cm
- 8 m hellgrünes Satinband zum Umwickeln, 4 cm breit
- 3,84 m buntes Band, 4 cm breit
- 3,84 m hellgrünes Band, 4 cm breit
- 80 cm hellgrünes Satinband für den Kranzabschluss, 5 mm breit
- 80 cm hellgrünes Satinband für die Doppelschleife, 5 mm breit
- 5 kleine Blumen
- 3 kleine Zweige
- 2 x 68 cm hellgrünes Satinband für kleine Schleifen, 5 mm breit
- 1 Küken, ca. 2 cm hoch
- 2 gelbe, 4 beige Ostereier
- 1 kleiner Hahn, 5 cm lang
- 1 kleine Gans, 1 kleine Osterhasenfrau
- 1 Vögelchen, 4 cm lang
- 1 gelber Schmetterling
- 2 kleine Osterhasen, 5 cm hoch
- 1 Osterstumpenkerze
- Bastelnadeln, 16 mm
- Basteldraht, Bastelhaken, Heißkleber, Zackenschere

So wird's gemacht:

1. Zuerst umwickeln Sie den Kranz vollständig und möglichst eng mit dem grünen Satinband. Danach schneiden Sie das bunte Band mit der Zackenschere in 8 cm lange Stücke. Diese falten Sie zu Dreiecken und bestecken nun die obere Hälfte des Kranzes vollständig mit bunten Dreiecken (Abb. 1).

Abb. 1

2. Schneiden Sie das breite grüne Band ebenfalls in 8 cm lange Stücke. Falten Sie Dreiecke, die Sie 1 cm nach hinten versetzt in die Zwischenräume der 1. bunten Bandreihe stecken (Abb. 2).

3. Die 3. Reihe stecken Sie mit bunten Banddreiecken, die 4. Reihe wieder mit grünem Band. Sie stecken die Banddreiecke immer 1 cm versetzt in die Zwischenräume der vorangegangenen Bandreihe. So verfahren Sie, bis die sichtbare Oberseite des Kranzes vollständig bedeckt ist. Um einen schönen Abschluss zu erhalten, bekleben Sie die Unterkante der letzten Bandreihe mit schmalem hellgrünem Satinband.

Abb. 2

4. Aus 80 cm des schmalen hellgrünen Satinbandes binden Sie eine dekorative Doppelschleife, die Sie mit dem Bastelhaken im Kranz befestigen. Umwinden Sie Zweige und Blümchen mit Basteldraht und befestigen Sie diese auf der Doppelschleife. Binden Sie aus den kurzen, schmalen, hellgrünen Satinbändern
2 kleine Schleifen, die Sie rechts und links von diesem Gebinde anbringen.

5. Abschließend wird die floristische Dekoration üppig mit Osterdekor wie Häschen, Eiern, etc. verziert und die Kerze auf einer Unterlage in die Kranzmitte gestellt.

Rotes Herz zum Muttertag

Material:

- 1 Styroporherz, ca. 12 cm lang, ca. 12 cm breit
- 5,68 m rotes Satinband, 4 cm breit
- 68 cm rote Zierkordel zum Einfassen des Herzens
- 2 kleine rote Holzherzen
- 70 cm rote Borte, 5 mm breit
- 70 cm rotes Satinband für die Aufhängung, 5 mm breit
- 1 Bastelhaken
- 60 cm rotes Satinband für 4 kleine Schleifen, 3 mm breit
- kleine Rosenzweige
- 4 kleine rote Röschen
- 2 Perlen
- Bastelnadeln, 16 mm
- Zackenschere, Heißkleber

So wird's gemacht:

1. Stecken Sie auf die Mitte der Herzoberfläche ein 4 x 4 cm großes rotes Satinquadrat (Abb. 1).

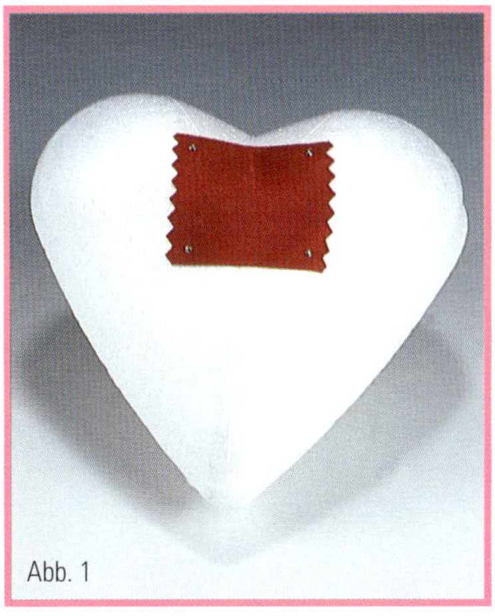

Abb. 1

2. Danach schneiden Sie das rote Satinband in 8 cm lange Stücke und falten diese vor dem Aufstecken zu Dreiecken. Stecken Sie nun 4 Dreiecke mit der Faltung nach außen sich gegenüberliegend auf das Quadrat, und zwar so, dass dieses vollständig bedeckt ist (Abb. 2).

Abb. 2

3. Für die 2. Reihe stecken Sie weitere 4 Dreiecke mit der Faltung nach außen 1 cm nach unten versetzt in die Zwischenräume der 1. Reihe (Abb. 3).

Abb. 3

4. Für die 3. Reihe stecken Sie 4 Dreiecke mit der Faltung nach außen 1 cm nach unten versetzt in die Zwischenräume der 2. Reihe (Abb. 4).

Abb. 4

5. Für die 4. Reihe stecken Sie 4 Dreiecke mit der Faltung nach außen 1 cm nach unten versetzt in die Zwischenräume der 3. Reihe. So fahren Sie fort, bis das Herz auf der Vorderseite vollkommen besteckt ist. Achten Sie darauf, dass die Rundungen des Herzens schön bedeckt sind. Mit der Rückseite des Herzens verfahren Sie ebenso (Abb. 5).

Abb. 5

6. Den Rand des Herzens bekleben Sie mit der roten Zierkordel. An die Enden der Kordel kleben Sie je 1 kleines rotes Holzherz. Rechts und links der Kordel kleben Sie die rote Borte auf. Ziehen Sie das Band für die Aufhängung durch den Bastelhaken, verknoten Sie die Enden und befestigen Sie den Bastelhaken mit etwas Heißkleber oben im Herz.

7. Verzieren Sie das Herz oben auf beiden Seiten mit Rosenblättern und Röschen sowie mit je 1 kleinen roten Schleife. Unten wird das Herz beidseitig mit je 1 roten Schleife dekoriert, auf die jeweils 1 kleine Perle geklebt wird.

Rosen zum runden Geburtstag

Material für 1 Rose:

- 1 Styroporzapfen, 10 cm lang
- 22,5 cm rotes Satinband, 2,5 cm breit
- 4 Streifen rotes, drahtverstärktes Band, 12 cm lang, 6 cm breit
- 4 Streifen rotes, drahtverstärktes Band, 18 cm lang, 6 cm breit
- 4 Streifen rotes, drahtverstärktes Band, 20 cm lang, 6 cm breit
- 1 Stück grünes Satinband, 4 x 4 cm breit
- 1 Rosenstiel mit 3–4 Rosenblätterzweigen
- 4–5 kleine Rosenblätterzweige zur Verschönerung des Blütenkopfes
- Bastelnadeln, 16 mm
- Zackenschere, Heißkleber

So wird's gemacht:

1. Den Zapfen schneiden Sie oben ein Stück – etwa 2 cm – ab. Die Schnittstelle verkleiden Sie, indem Sie ein 2,5 x 2,5 cm großes Stoffquadrat mit 4 Bastelnadeln aufstecken (Abb. 1).

Abb. 1

2. Schneiden Sie das 20 cm lange Band in 4 Stücke von je 5 cm Länge und falten Sie die Bänder zu Dreiecken. Diese stecken Sie sich gegenüberliegend mit der Faltung nach außen auf dem versäuberten Zapfenende fest (Abb. 2).

Abb. 2

3. Für die 2. Reihe verwenden Sie die 12 cm langen Bandstreifen, die Sie mit der gefalteten Seite nach innen so feststecken, dass sie ca. 3 cm über den Innenkern ragen. Die drahtverstärkten Spitzen drücken Sie nach außen, um den Blüteneffekt zu erzielen (Abb. 3).

Abb. 3

4. Für die 3. Reihe werden die 18 cm langen Bandstücke zu Dreiecken gefaltet und mit der gefalteten Seite nach innen in die Zwischenräume der 2. Bandreihe gesteckt. Die Spitzen wieder nach außen klappen.

5. Die 4. Reihe wird mit den 20 cm langen Bändern bestückt. Diese werden jedoch so aufgesteckt, dass die gefalteten Seiten der Dreiecke außen liegen.

6. Mit dem Stück grünen Satinband decken Sie die Rose unten ab, kleben die Blüte auf den Rosenstiel und verzieren die Rosenblüte unten mit zusätzlichen Rosenblätterzweigen.

Romantischer Biedermeierstrauß

Material:

- 3 Styroporkugeln, Ø je 5 cm
- 6,25 m apricotfarbenes Satinband, 2,5 cm breit
- 1,28 m apricotfarbenes Satinband, 4 cm breit
- 48 cm grünes Band zum Abdecken des unteren Rosenteils, 4 cm breit
- 3 Rosenstiele
- Kirschblüten
- apricotfarbene Röschenzweige
- 3 grüne Zierzweige
- Rosenblätter
- Schleierkraut
- Perlenschnur
- 2 x 1 m schmales, apricotfarbenes Satinband für 2 Doppelschleifen, 5 mm breit
- 1 apricotfarbene Rosette aus Blumenkrepppapier
- Bastelnadeln, 16 mm
- Blumendraht
- Zackenschere, Heißkleber

So wird's gemacht:

1. Stecken Sie auf die Mitte der Kugeln 1 Stück Band von 2,5 x 2,5 cm. Schneiden Sie nun die Bandstücke zurecht. Das 2,5 cm breite Band schneiden Sie in Stücke zu 5 cm Länge, das 4 cm breite Band schneiden Sie in 8 cm lange Stücke. Falten Sie jedes Bandstück vor dem Aufstecken zu Dreiecken.

2. Beginnen Sie mit Dreiecken aus dem 2,5 cm breiten Band. Stecken Sie 4 Dreiecke sich gegenüberliegend so auf das Quadrat, dass dieses völlig bedeckt ist (Abb. 1).

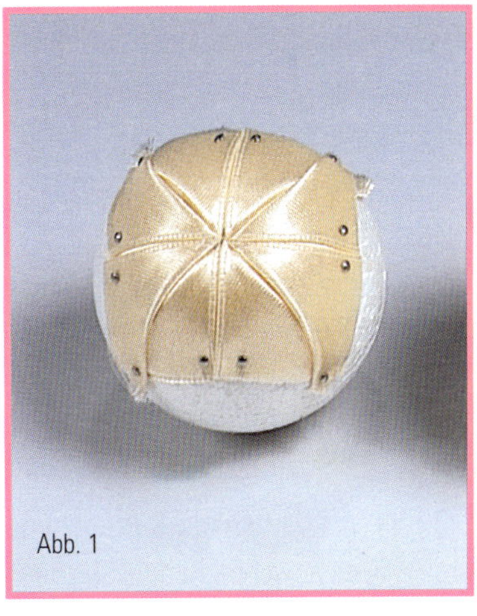

Abb. 1

3. Für die 2. Reihe werden 4 Dreiecke 1 cm nach hinten versetzt in die Zwischenräume der 1. Reihe gesteckt. Für die 3. Reihe werden 4 Dreiecke 1 cm nach hinten versetzt in die Zwischenräume der 2. Reihe gesteckt.

4. Ab der 4. Reihe arbeiten Sie mit dem 4 cm breiten Band. Die ersten 4 Banddreiecke verteilen Sie gleichmäßig um die Kugel (Abb. 2). Dann stecken Sie 4 weitere große Banddreiecke in die Zwischenräume der vorangegangenen Reihe (Abb. 3). So fahren Sie immer im Wechsel fort, bis die Kugeln vollkommen besteckt sind. Mit dem grünen Band decken Sie den unteren Teil der Rose ab.

Abb. 2

5. Von den Kunstrosenstielen mit Blättern entfernen Sie die Rosenköpfe, stecken die erarbeiteten Kugeln darauf und fixieren diese mit Heißkleber. Um den unteren Teil der Kugeln werden kleine Rosenblätter geklebt.

6. Binden Sie nun mit Hilfe von Bastel- oder Blumendraht einen runden Strauß aus Zweigen, Blättern, Blüten, Schleierkraut und den Blumen in Artischockentechnik. Binden Sie dabei die Perlenschnüre

Abb. 3

mit ein. Legen Sie aus dem dünnen Satinband 2 Doppelschleifen, umwickeln Sie diese mit Basteldraht und stecken Sie die Schleifen in den Strauß.

7. Zum Schluss umhüllen Sie den Strauß mit einer farblich passenden, gekauften oder selbst gemachten Biedermeiermanschette.

Accessoires für festliche Gedecke

Material für 1 Menükarte:

- grüne Bastelwellpappe, 22 x 30 cm
- 60 cm hellbeige, gedrehte Kordel
- 48 cm dunkelrotes Satinband, 4 cm breit
- 48 cm bunt gemustertes Band, 4 cm breit
- hellgelber Bastelkarton, 21 x 29 cm
- 60 cm dunkelgrünes Satinband zum Versäubern, 5 mm breit
- 20 cm dunkelgrünes Satinband für 1 kleine Schleife, 5 mm breit
- 30 cm dunkelrotes Satinband für 1 Doppelschleife, 3 mm breit
- 2 kleine Rosenblätter
- 2 hellgelbe Röschen
- Klebstoff, Schere

So wird's gemacht:

1. Die grüne Bastelwellpappe falten Sie exakt auf Mitte. Sie haben nun eine Doppelkarte. Mit der Schere oder einem Skalpell schneiden Sie aus der Mitte der vorderen Kartenklappe ein Feld im Format 10 x 7,5 cm aus.

2. Die hellbeige Kordel wird um den Bund der Doppelkarte gelegt und am unteren Teil der Karte verknotet. Die beiden Kordelstücke werden etwa 2 cm oberhalb des Kordelendes verknotet. Die Enden der Kordelstücke werden so aufgezogen, dass kleine Quasten entstehen.

3. Schneiden Sie das 4 cm breite dunkelrote und bunt gemusterte Band in 8 cm lange Stücke und falten Sie diese zu Dreiecken. Der obere und der untere Rand der Wellpappkarte wird mit je 3 roten Dreiecken mit der Faltung nach innen beklebt. Danach kleben Sie oben und unten je 3 gemusterte Dreiecke 1 cm nach hinten versetzt auf die roten Dreiecke auf. Achten Sie darauf, dass das Band etwas über den Kartenrand ragt. Die überstehenden Bandkanten klappen Sie nach innen in die Karte und kleben diese mit Klebstoff fest.

4. Falten Sie nun den hellgelben Bastelkarton exakt auf Mitte und kleben Sie den Karton auf das Innere der grünen Wellpappkarte. Versäubern Sie die Kanten der Karte innen, indem Sie das schmale dunkelgrüne Satinband sauber aufkleben.

5. Verzieren Sie nun die Kartenvorderseite. Binden Sie aus den kurzen Satinbandstücken Schleifen und kleben Sie diese auf die linke Seite des Ausschnitts. Verzieren Sie die Schleifen durch das Aufkleben der Rosenblättchen und Rosenblüten. Beschriften Sie nun das hellgelbe Feld nach Lust und Laune.

Material für 1 Serviettenring:

- 1 Stück leere Küchenrolle, ca. 5 cm lang
- ca. 20 cm hellgelber Bastelkarton, 5 cm breit
- 32 cm dunkelrotes Satinband, 4 cm breit
- 32 cm bunt gemustertes Band, 4 cm breit
- 25 cm dunkelgrünes Satinband, 5 mm breit
- 2 kleine Rosenblätter
- 1 hellgelbes Röschen
- Klebstoff, Schere

So wird's gemacht:

1. Beziehen Sie das Stück Küchenrolle mit dem hellgelben Bastelkarton. Schneiden Sie das dunkelrote und das bunt gemusterte Band in 8 cm lange Stücke. Falten Sie die Bandstücke zu Dreiecken.

2. Bekleben Sie nun die bezogene Rolle, indem Sie 4 rote Dreiecke sich gegenüberliegend mit den Spitzen nach außen auf die Mitte der Rolle kleben und in die Zwischenräume je 1 bunt gemustertes Dreieck – ebenfalls mit den Spitzen nach außen – kleben.

3. Kleben Sie nun das schmale grüne Satinband so auf die Mitte der Rolle, dass Sie die Bandenden zu einer Schleife binden können, die auf den geklebten Dreiecken sitzt. Durch das Verzieren mit den Rosenblättchen und dem Röschen werden die Klebestellen der Banddreiecke völlig bedeckt.

Material für 1 Tischkarte:

- hellgelber Bastelkarton, 10 x 15 cm
- 24 cm dunkelrotes Satinband, 4 cm breit
- 16 cm bunt gemustertes Band, 4 cm breit
- 24 cm dunkelrotes Satinband zum Versäubern, 5 mm breit
- 10 cm dunkelgrünes Satinband für 1 Schleife, 5 mm breit
- 2 kleine Rosenblätter
- 1 hellgelbes Röschen
- Klebstoff, Schere

So wird's gemacht:

1. Falten Sie den Bastelkarton auf Mitte. Ihre Tischkarte ist nunmehr 7,5 cm hoch und 10 cm breit. Schneiden Sie das dunkelrote und das bunt gemusterte Band in 8 cm lange Streifen und falten Sie diese zu Dreiecken.

2. Die Vorderseite der Tischkarte wird gestaltet, indem Sie 2 bunte Dreiecke rechts und links unten auf die Karte kleben (Abb. 1). Dazwischen wird 1 rotes Dreieck aufgeklebt. Auf die Kartenseiten wird bündig zu den Kanten der bunt gemusterten Dreiecke je 1 rotes Dreieck geklebt (Abb. 2).
Achten Sie beim Kleben darauf, dass die Banddreiecke ca. 5 mm über die Kartenkanten reichen. Das überstehende Band wird jetzt in das Karteninnere geklappt und dort festgeklebt. Versäubern Sie das Karteninnere durch das Aufkleben des schmalen roten Satinbandes.

3. Binden Sie eine kleine Schleife aus dem schmalen grünen Satinband und kleben Sie diese auf die obere Mitte der Karte. Verzieren Sie das Schleifchen mit den Rosenblättern und dem Röschen. Zum Abschluss wird die Karte beschriftet (Abb. 3).

Abb. 1 Abb. 2 Abb. 3

Sommerlicher blauer Kranz

Material:
- 1 Styroporkranz, auf der Rückseite abgeflacht, Ø ca. 30 cm
- 13,5 m hellblaues Satinband zum Umwickeln
- 30 cm hellblaues Satinband, 5 mm breit, für den inneren Kranzabschluss
- 5,60 m weißes Band mit blauen Blümchen, 4 cm breit
- 4,32 m hellblaues Satinband, 4 cm breit

Außerdem:
- 1 Bastelhaken
- 90 cm weiß-blaues Band, 4 cm breit, für die Aufhängung und für die obere Schleife
- 70 cm hellblaues Satinband, 4 cm breit, für die Schleife der Aufhängung
- 50 cm hellblaues Satinband, 5 mm breit, für die kleine Schleife

Für die Verzierung:
- 1 blaues Vögelchen, ca. 8 cm
- 2 dunkelblaue Rosenblüten
- 6 kleine hellblaue Röschenblüten
- 4 kleine weiße Röschenblüten
- 2 kleine gelbe Röschenblüten
- 2 kleine Anemonenblüten
- 2 kleine blaue Margeriten
- 8 kleine Rosenknospen
- 1 blauer Schmetterling
- 2 kleine Efeuzweige
- 6 kleine Rosenzweige mit kleinen Blättern
- Heißkleber, Zackenschere

So wird's gemacht:

1. Den Styroporkranz umwickeln Sie rundum eng mit dem hellblauen Satinband. Stecken Sie hierfür den Bandanfang und das Bandende mit jeweils 3 Bastelnadeln im Kranz fest.

2. Die untere Hälfte des Kranzes wird anschließend in Artischockentechnik besteckt. Hierfür schneiden Sie das hellblaue und das weiß-blaue Band in 8 cm lange Stücke. Benutzen Sie zum Schneiden der Bänder stets die Zackenschere, die zusätzlich die Bänder versäubert. Die Bänder falten Sie vor dem Aufstecken zu Dreiecken.

Abb. 1

3. Stecken Sie 7 Dreiecke des weiß-blauen Bandes in gleichmäßigen Abständen von 5 cm außen am Kranz beginnend fest. Zwischen die Abstände stecken Sie 6 Dreiecke des hellblauen Satinbandes.

4. Die 3. Reihe stecken Sie wie die 1. Reihe, die 4. wie die 2. Reihe (Abb. 2). So fahren Sie fort bis innen zur flachen Rückseite. Sie haben nunmehr 7 hellblaue und 8 weiß-blaue übereinander steckende Banddreiecke.

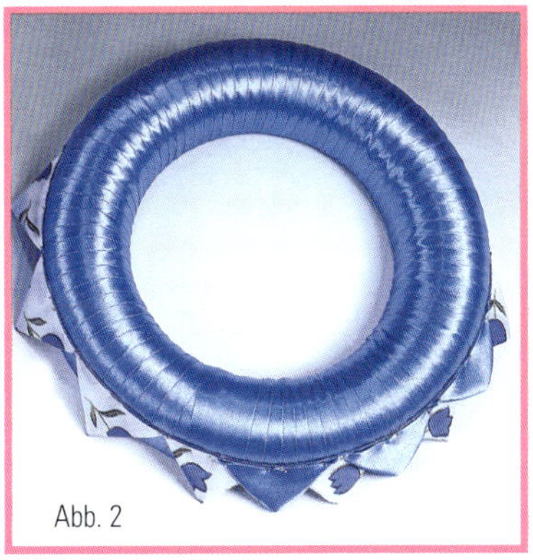

Abb. 2

5. Den Teil des inneren Kranzrandes, der mit Bändern besteckt wurde, versäubern Sie durch das Aufkleben des schmalen hellblauen Satinbandes.

6. Um die obere Mitte des Kranzes wird das weiß-blau gemusterte Band für die Aufhängung gelegt, das Sie mit Bastelnadeln am Kranz fixieren. Das gemusterte Band wird zu einer dekorativen Schleife gebunden. Unter diese Schleife binden Sie eine weitere aus hellblauem Satinband (Abb. 3).

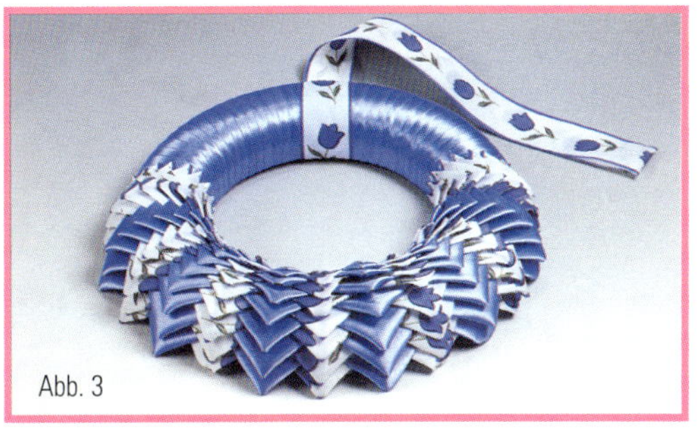

Abb. 3

7. Aus dem schmalen Satinband (5 mm) binden Sie eine kleine Schleife und befestigen diese mit dem Bastelhaken auf Kranz und weiß-blau gemustertem Band zum Aufhängen. Verzieren Sie die obere Kranzmitte mit kleinen Rosenzweigen und dunkelblauen Rosenblüten.

8. Anschließend wird der Kranz auf beiden Seiten jeweils am Ende der aufgesteckten Banddreiecke üppig mit Efeu- und Rosenblätterzweigen, Röschenblüten in verschiedenen Farben, Anemonenblüten und kleinen Margeriten beklebt.

9. Zum Schluss wird das Blütendekor mit einem kleinen blauen Vogel und einem blaufarbenen Schmetterling verziert (Abb. 4).

Abb. 4

Kleines Kugelbäumchen

Material:

- 1 Styroporkugel, Ø 12 cm
- 4,84 m dunkelrotes Band, 4 cm breit
- 6,52 m mit roten Blumen gemustertes, buntes Band, 4 cm breit
- 1 dünner Holzstab als Stamm, 30 cm lang
- grüne PLAKA-Farbe
- 2 x 80 cm bunt gemustertes Band für Schleifen, 4 cm breit
- Blumendraht, 2 Bastelhaken
- 10 x 12 cm Steckmoos
- 1 weißer Blumenübertopf, Ø 12 cm
- kleine weiße Kieselsteine
- 1 Efeuranke, 2 weiße Röschen, 2 rote Gerbera
- 80 cm grünes Kordelband
- 1 kleine rote Blume mit Blättern
- 2 dunkelrote Kügelchen
- 12 cm rotes Satinband, 3 mm breit
- 1 Vögelchen
- 1 kleine grüne Schnecke
- Bastelnadeln, 16 mm
- Zackenschere, Heißkleber

So wird's gemacht:

1. Auf der Mitte der Styroporkugel stecken Sie ein 4 x 4 cm großes, dunkelrotes Stück Satinband mit 4 Bastelnadeln fest. Die langen Bandstücke zum Bestecken schneiden Sie auf 8 cm Länge zurecht und falten sie vor dem Aufstecken zu Dreiecken.

2. Für die 1. Reihe falten Sie 4 bunt gemusterte Dreiecke, die Sie sich gegenüberliegend auf das rote Quadrat stecken. Für die 2. Reihe stecken Sie 1 cm nach unten versetzt 4 rote Dreiecke in die Zwischenräume der Banddreiecke der 1. Reihe (Abb. 1).

3. Stecken Sie nun 4 bunt gemusterte Dreiecke für die 3. Reihe 1 cm versetzt nach unten auf die 1. Reihe des gemusterten Bandes.

4. Für die 4. Reihe werden 4 rote Quadrate 1 cm nach unten versetzt auf die 1. Reihe des roten Bandes gesteckt (Abb. 2). So fahren Sie fort, bis die Kugel komplett besteckt ist.

5. Färben Sie den Holzstab grün und stecken Sie ihn unten in die Kugelmitte. Fixieren Sie den Stab zusätzlich mit Heißkleber. Binden Sie 2 Schleifen aus gemustertem Band – verwenden Sie hierzu etwas Blumendraht – und befestigen Sie diese mit Bastelhaken so an der Kugel, dass sie den Anfang des Holzstabes verdecken.

6. Geben Sie das Steckmoos in den Blumentopf, stecken Sie den Holzstab mit Kugel hinein, fixieren Sie ihn mit Heißkleber und decken Sie das Steckmoos mit reichlich Kieselsteinen ab.

7. Umwinden Sie den Holzstab mit der Efeuranke und kleben Sie die weißen Rosen und die roten Gerbera zwischen die Schleifen am Kugelende.

8. Zum Schluss wird der weiße Übertopf noch verschönt. Legen Sie die grüne Zierkordel um den Topf, binden Sie eine Schleife und kleben Sie diese – und in Abständen auch die Kordel – auf dem Topf fest. Zur Zierde wird eine kleine rote Blume mit grünen Blättchen auf die Schleifenmitte geklebt. An die Kordelenden kleben Sie die roten Kügelchen und verstecken die Klebestellen durch kleine rote Schleifen.

Abb. 1 Abb. 2

Zarte Seerosengestecke

Material für das rosafarbene Gesteck:

- 1 Styroporkugel, Ø 8 cm
- 1,64 m hellrosafarbenes Band, 4 cm breit
- 6,80 m dunkelrosafarbenes Band, 4 cm breit
- 27 cm rosafarbenes Band für die Versäuberung, 5 mm breit

Außerdem:

- 1 Terrakotta-Schale, Ø 12 cm
- Steckmoos, 3 cm hoch, 10 x 10 cm
- 1 Seerosenblatt, Ø 18 cm
- 45 cm grünes Satinband für 1 Schleife, 5 mm breit
- 45 cm rosafarbenes Satinband für 1 Schleife, 5 mm
- 2 kleine Muscheln oder Kieselsteine
- 3 Glastropfen
- 3 Rosenblätterzweige
- 5 kleine Röschen
- Bastelnadeln, 16 mm
- Zackenschere, Heißkleber

So wird's gemacht:

1. Teilen Sie die Styroporkugel mit einem großen, scharfen Messer in 2 gleiche Hälften. Legen Sie die nicht benötigte Hälfte für eine andere Arbeit beiseite. Auf die Mitte der Styroporkugel stecken Sie mit 4 Bastelnadeln ein 4 x 4 cm breites hellrosafarbenes Stück Band.

2. Schneiden Sie das hell- und das dunkelrosafarbene Band zum Bestecken in 8 cm lange Streifen. Falten Sie die Bandstreifen zunächst zu Dreiecken, die Bandkanten liegen innen. Die beiden unteren Ecken der Dreiecke werden leicht schräg zur Mitte hin übereinander gelegt. Die so gefalteten Dreiecke werden mit 3 Bastelnadeln auf den Rohling gesteckt.

3. Stecken Sie für die 1. Reihe 4 der so gefalteten „Tütchen" mit der

gefalteten Seite nach außen sich gegenüberliegend auf das aufgesteckte Quadrat (Abb. 1).

Abb. 1 Abb.2

4. So arbeiten Sie weiter, bis Sie etwa 30 Bandstücke aufgesteckt haben. Achten Sie darauf, dass eine runde Blütenform entsteht.

5. Die in gleicher Weise gefalteten dunkelrosafarbenen Bandstücke stecken Sie nun mit der gefalteten Seite nach innen auf (Abb. 2). So entsteht die voll erblühte Seerose.

6. Mit dem schmalen rosafarbenen Satinband kleben Sie die Steckkante sauber ab.

7. In der Mitte der Terrakotta-Schale wird das Steckmoos mit Heißkleber befestigt. Auf dem Steckmoos bringen Sie das Seerosenblatt an, auf das die Seerose geklebt wird.

8. Aus den schmalen grünen und rosafarbenen Bändern werden Schleifen angefertigt, die mittig in den Einschnitt des Blattes geklebt werden. Das Seerosenblatt bekleben Sie nun mit 2 Muscheln und 3 Glastropfen.

9. Die Rosenzweige und die Röschen verteilen Sie hübsch innerhalb des Arrangements und kleben alles mit Heißkleber fest.

Dekoration für die Hochzeitstafel

Material:

- 1 Styroporkugel, Ø 12 cm
- 5,12 m beiges Spitzenband, 4 cm breit
- 5,16 m beiges Satinband, 4 cm breit
- Steckmoos, ca. 12 x 12 cm, 2 cm hoch
- 1 Glasteller, Ø ca. 18 cm
- 4 runde Magnolienblätter
- 2 breite Blätter
- 2 lange, schmale Blätter
- 3 Efeuzweige
- 3 größere Rosenzweige
- 2 Farnblätter
- 6 champagnerfarbene Röschen
- 4 Glastropfen
- 70 cm beiges Satinband für 1 Schleife, 4 cm breit
- Basteldraht
- 1 große beige Rosenblüte
- 3 kleine Rosenzweige
- 1 Taubenpärchen mit Ringen
- Bastelnadeln, 16 mm
- Zackenschere, Heißkleber

So wird's gemacht:

1. Auf der Kugelmitte ein 4 x 4 cm breites Stück Satinband an den Ecken mit 4 Bastelnadeln feststecken. Die Bänder zum Bestecken mit der Zackenschere in 8 cm lange Stücke schneiden und zu Dreiecken falten.

2. Für die 1. Reihe werden 4 Spitzendreiecke so auf das beige Quadrat gesteckt, dass sich die Spitzen im Mittelpunkt treffen (Abb. 1). In die Zwischenräume der ersten 4 Dreiecke werden Satindreiecke 1 cm nach hinten versetzt aufgesteckt.

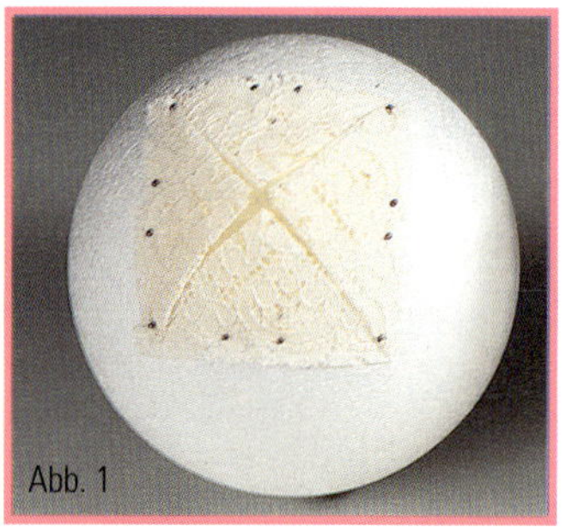

Abb. 1

3. Für die 3. Reihe werden 4 Spitzendreiecke 1 cm nach hinten versetzt auf die rechten Kanten der Spitzendreiecke der 1. Reihe gesteckt. Für die 4. Reihe werden Satindreiecke 1 cm nach hinten versetzt auf die rechten Kanten der Satindreiecke der 2. Reihe gesteckt (Abb. 2). So fahren Sie fort, bis die Kugel vollständig bedeckt ist.

Abb. 2

4. Kleben Sie das Steckmoos auf den Teller und bekleben Sie das Steckmoos in der Mitte mit der Kugel, unten mit den großen breiten und seitlich mit den länglichen Blättern. Kleben Sie dazwischen die kleineren Zweige und Blüten. Verzieren Sie die größeren Blätter mit Glastropfen. Binden Sie aus dem Satinband mit Hilfe von Basteldraht eine Schleife, auf der Sie die Rosenblüte mit einigen Rosenblättchen befestigen. Bringen Sie die so dekorierte Schleife vorn in der Mitte des Gestecks an. Zuletzt kleben Sie das Taubenpärchen mit Ringen oben auf die Kugel.

Material:
- 3 Styroporkugeln, Ø 8 cm
- pro Kugel: 5,64 m weißes Satinband, 4 cm breit
- 3 Baccara-Rosen-Stiele mit Blättern
- Rosenblätter zum Bekleben der Kugelunterseiten
- Bastelnadeln, 16 mm
- Heißkleber, Zackenschere

Außerdem:
- 2 Kirschblütenzweige
- 1 großer Rosenzweig mit mehreren großen Rosenblüten
- 1 Rosenzweig mit vielen kleinen Rosenblättern
- 2 Perlen, Ø 2 cm
- Perlenschnur
- 1 Fliederblütenzweig
- 7 Tüllblumen mit Perlen
- 1,50 m Spitzenband, ca. 3 cm breit
- ca. 1,50 m weiße, gedrehte Zierkordel
- Blumendraht

So wird's gemacht:

1. Auf der Mitte einer Styroporkugel stecken Sie ein 4 x 4 cm großes, weißes Bandstück mit 4 Bastelnadeln fest. Dann stecken Sie 4 Banddreiecke sich gegenüberliegend auf das Quadrat. Für die 2. Reihe stecken Sie 4 Dreiecke 1,5 cm nach hinten versetzt in die Zwischenräume der 1. Reihe. Die 3. Reihe wird mit 4 Dreiecken gearbeitet, die Sie 1 cm nach hinten versetzt in die Zwischenräume der 2. Reihe stecken (Abb. 1).

2. Die 4. Reihe wird auf die 3. Reihe 2 cm nach hinten versetzt gesteckt. Für die 5. Reihe stecken Sie 8 Dreiecke 1 cm nach hinten versetzt in die Zwischenräume der 3. und 4. Reihe (Abb. 2).
Für die 6., 7. und 8. Reihe stecken Sie jeweils 8 Dreiecke 1 cm nach hinten versetzt in die Zwischenräume der vorangegangenen Reihe. Die Kugel ist nun zu zwei Dritteln bedeckt.

3. Falten Sie nun 22 Tütchen pro Kugel wie folgt: Falten Sie ein Dreieck, die Bandkante liegt innen. Legen Sie die unteren Ecken des Dreiecks leicht schräg zur Mitte hin übereinander. Stecken Sie die Tütchen mit 3 Bastelnadeln eng aneinander fest, so dass ein schöner Abschluss entsteht und die Kugel rundum besteckt ist.

4. Kleben Sie mit Heißkleber einen Baccara-Rosen-Stiel mit Blättern an der unteren Kugelmitte fest und bekleben Sie den unteren Kugelteil mit Rosenblättern. Nun werden die 3 so gearbeiteten Kugelblumen mit den anderen Materialien zu einem Brautbukett gebunden und entsprechend verziert.

Abb. 1 Abb. 2 Abb. 3

Tischgesteck zur silbernen Hochzeit

Material:

- 1 Styropormedaillon, Ø 10 cm
- 3 m dunkelblaues, drahtverstärktes Band mit Goldkante, 4 cm breit
- 1,76 m silbernes Band, 4 cm breit
- 1 Silberkordel, ca. 5 mm dick, ca. 20 cm lang
- Steckmoos
- 1 blauer Glasteller, Ø 20 cm
- 4 große Blätter
- 2 Rosenzweige mit gelben Röschen, je ca. 15 cm lang
- 2 Rosenzweige mit weißen Röschen, je ca. 10 cm lang
- 2 weiße Rosenblüten mit Schleierkraut
- 4 kleine grüne Zweige
- 2 x 80 cm silbernes Band für 2 Schleifen, 4 cm breit
- Basteldraht
- 1 Vogel-Hochzeitspärchen, 3 cm hoch
- silberner Glitzerkleber
- Bastelnadeln, 16 mm
- Zackenschere, Heißkleber

So wird's gemacht:

1. Auf die Mitte des Medaillons stecken Sie ein 4 x 4 cm großes Stück blaues Band. Schneiden Sie die blauen und silbernen Bänder zum Bestecken in 8 cm lange Stücke. Falten Sie diese Bandstücke vor dem Aufstecken zu Dreiecken. Stecken Sie nun 4 blaue Dreiecke sich gegenüberliegend mit je 4 Bastelnadeln auf dem blauen Quadrat so fest, dass das Quadrat bedeckt ist (Abb. 1).

2. Für die 2. Reihe stecken Sie 4 blaue Dreiecke 1 cm nach hinten versetzt in die Zwischenräume der 1. Reihe. Für die 3. Reihe werden silberne Dreiecke 2 cm nach hinten versetzt auf die 1. Reihe mit blauen Dreiecken gesteckt. Für die 4. Reihe stecken Sie silberne Dreiecke 1 cm nach hinten versetzt auf die 2. Reihe mit blauen Dreiecken (Abb. 2).

3. Für die blaue Einfassung falten Sie aus dem blauen Band Dreiecke. Diese werden so um den Rand des Medaillons festgesteckt, dass rechts

Abb. 1 Abb. 2

und links die Außenseiten der Dreiecke auf der Fläche des Medaillons befestigt werden. Die Mitte der Dreiecke stecken Sie oben auf dem Rand mit je 1 Bastelnadel fest (Abb. 3).

4. Falten Sie nun Doppelschuppen aus silbernem Band, mit denen Sie die Spitzen der aufgesteckten blauen Dreiecke im Innern des Medaillons abdecken (Abb. 4). Die Aufsteckkanten der silbernen Doppelschuppen bekleben Sie mit der silbernen Kordel.

5. Kleben Sie das Medaillon auf flaches Steckmoos, das Sie auf dem blauen Glasteller mit Heißkleber befestigen. Bestecken Sie das Moos reichlich mit Zweigen und Blüten, so dass ein ovales Gesteck entsteht.

Abb. 3 Abb. 4

Verzieren Sie das Gesteck links und rechts mit Silberschleifen und bringen Sie das mit Glitzerkleber verzierte Vogelpärchen an.

Material:

- 1 Styroporkugel, Ø 12 cm
- 4,48 m goldenes Band, 4 cm breit
- 4,52 m hellgelb gemustertes, drahtverstärktes Band, 4 cm breit
- Steckmoos, 12 x 12 cm
- 1 beiger Keramikteller, Ø 18 cm
- 14 Kirschblüten
- 3 kleine Rosenzweige mit hellgelben Röschen
- 1 beige-goldene Rosenblüte
- 6 Magnolienblätter
- 2 kleine efeuartige Ranken
- 3 Weinrebenranken
- 60 cm goldenes Band für 1 Schleife, 4 cm breit
- 45 cm hellgelbes, drahtverstärktes Band für 1 Schleife, 4 cm breit
- Basteldraht
- 2 goldfarbene Gardinenringe in verschiedenen Größen
- 2 weiße Täubchen
- 2 zartgelbe Federschmetterlinge
- 1 Tauben-Hochzeitspärchen
- goldener Glitzerkleber
- Bastelnadeln, 16 mm
- Zackenschere, Heißkleber

So wird's gemacht:

1. Auf der Mitte der Styroporkugel stecken Sie ein 4 x 4 cm großes, goldenes Stück Satinband mit 4 Bastelnadeln fest. Die langen Bandstücke für das Bestecken schneiden Sie auf 8 cm Länge zurecht und falten sie vor dem Aufstecken zu Dreiecken.

2. Für die 1. Reihe falten Sie 4 gemusterte Dreiecke, die Sie sich gegenüberliegend auf das goldene Quadrat stecken (Abb. 1). Für die 2. Reihe stecken Sie 1 cm nach unten versetzt 4 goldene Dreiecke in die Zwischenräume der Banddreiecke der 1. Reihe. Stecken Sie nun 4 gemusterte Dreiecke für die 3. Reihe 1 cm versetzt nach unten auf die 1. Reihe des gemusterten Bandes.

3. Für die 4. Reihe werden 4 goldene Quadrate 1 cm nach unten versetzt auf die 1. Reihe des goldenen Bandes gesteckt (Abb. 2). So fahren Sie fort, bis die Kugel komplett besteckt ist.

Abb. 1 Abb. 2

4. Kleben Sie das Steckmoos auf der Tellermitte fest. Auf das Steckmoos kleben Sie nun die besteckte Kugel. Fertigen Sie ein dekoratives Gesteck aus den Blättern, Zweigen und Blüten. Arrangieren Sie die großen Blätter so, dass das Gesteck unten damit rundum ausgelegt ist. Binden Sie mit Hilfe von Basteldraht 1 goldene und 1 zartgelbe Schleife und stecken Sie diese übereinander auf die vordere Mitte des Gestecks. Kleben Sie die Gardinenringe auf das große vordere Blatt, das idealerweise unterhalb der Schleife stecken sollte.

5. Kleben Sie nun Täubchen und Schmetterlinge in das Gesteck. Setzen Sie das Tauben-Hochzeitspaar oben auf die Kugel, kleben Sie es fest und färben Sie Hut und Schleier mit Glitzerkleber golden.

Raumdekor für das Kinderzimmer

Material für 2 Raffrosetten:
- 1 Styroporkugel, Ø 10 cm
- 2,16 m rotes Satinband, 4 cm breit
- 3,20 m rot-beiges Teddybärband, 4 cm breit
- 1,60 m beiges Satinband, 4 cm breit
- 2 grüne Bastelkartonscheiben, Ø 10 cm
- Bastelnadeln, 16 mm
- Zackenschere, Heißkleber

Abb. 1

Abb. 2

Abb. 3

Außerdem:
- 2 x 2,5 m rotes Satinband, 2,5 cm breit
- 2 x 1,25 m beiges Satinband, 2,5 cm breit
- 2 x 2,5 m grünes Satinband, 1 cm breit
- Basteldraht
- 2 Bastelhaken
- 2 kleine Keramik-Bärchen

So wird's gemacht:

1. Schneiden Sie die Styroporkugel mit einem großen, sehr scharfen Messer in 2 gleiche Hälften. Stecken Sie auf die Mitte jeder Halbkugel ein rotes, 4 x 4 cm großes Bandstück. Schneiden Sie das rote, beige und gemusterte Band in 8 cm lange Stücke und falten Sie diese vor dem Aufstecken zu Dreiecken. Stecken Sie nun 4 rote Dreiecke mit den Kanten nach außen sich gegenüberliegend so auf das Quadrat, dass dieses völlig bedeckt ist (Abb. 1).

2. Für die 2. Reihe stecken Sie 4 gemusterte Dreiecke vom Teddyband mit den Kanten nach außen 1 cm nach hinten versetzt in die Zwischenräume der 1. Reihe. Die 3. Reihe arbeiten Sie, indem Sie wieder 4 gemusterte Dreiecke mit den Kanten nach außen in die Zwischenräume der 2. Reihe stecken (Abb. 2).

3. Die 4. Reihe besteht aus 4 beigen Dreiecken, die Sie mit den Kanten nach außen 1 cm nach hinten versetzt auf die Dreiecke der 2. Reihe stecken. Für die 5. Reihe werden 4 beige Dreiecke mit den Kanten nach außen 1 cm nach hinten versetzt auf die gemusterten Dreiecke der 3. Reihe gesteckt. In gleicher Steckweise folgen 2 Reihen mit roten Banddreiecken und 2 Reihen mit gemusterten Dreiecken.

4. Für die Rosettendekoration binden Sie aus den langen, farbigen Bändern mit Hilfe von Basteldraht 2 Schleifen mit lang herunterhängenden Bändern und befestigen diese in jeder Rosette mit Bastelhaken in dem Styropor unterhalb der Besteckung. Auf die Schleifenmitten kleben Sie jeweils ein Bärchen.

5. In die grünen Pappscheiben bohren Sie mit der Schere ein ca. 5 mm großes Loch (Abb. 3) für die spätere Befestigung der Rosetten an den Haken. Bringen Sie auf die Rückseite jeder Rosette eine der Pappscheiben mit Heißkleber auf.

TOMY

Niedliche Marienkäfer für den Geburtstagstisch

Material für 1 Käfer:

- 1 Styropor-Ei, 8 cm lang
- 2 Stücke schwarzer Filzstoff, je 14 cm lang, 5 cm breit
- 1,04 m rotes Satinband, 4 cm breit
- 2 kleine Kulleraugen
- 3 schwarze Pfeifenputzer für Füße und Fühler
- 1 Stück schwarzes Moosgummi, 8 cm lang, 6,5 cm breit
- schwarze Moosgummireste für ca. 15 Punkte
- Bastelnadeln, 16 mm
- Heißkleber, Zackenschere, Locher

So wird's gemacht:

1. Das Styropor-Ei wird halbiert. Mit dem Filzstift markieren Sie die Aufstecklinien für die roten Banddreiecke. Sie ziehen eine Linie längs über die Eimitte und links und rechts jeweils eine weitere Linie im gleichen Abstand von der Eimitte. Das Hinterteil des Käfers wird mit einem Stück schwarzem Filz abgedeckt, den Sie mit Bastelnadeln auf dem Styropor befestigen (Abb. 1).

Abb. 1

2. Das rote Satinband schneiden Sie mit der Zackenschere in 8 cm lange Stücke. Jedes Stück wird vor dem Aufstecken zu einem Dreieck gefaltet, das später mit den Einschlagseiten nach außen aufgesteckt wird.

3. Falten Sie ein rotes Dreieck und stecken Sie es mittig so auf der gezeichneten Mittellinie auf, dass seine Spitze bis zum Ende der Hinterteilabdeckung reicht (Abb. 2).

4. Links und rechts vom mittleren Dreieck wird nun je 1 rotes Dreieck so auf die gezeichneten Seitenlinien

Abb. 2

gesteckt, dass die Spitzen das Hinterteil seitlich abdecken. Vom schwarzen Filz ist nunmehr nur noch wenig zu sehen (Abb. 3).

5. Auf die gleiche Weise stecken Sie die Dreiecke immer 1 cm nach hinten versetzt auf, bis der Käfer zu zwei Dritteln mit Banddreiecken besteckt ist.

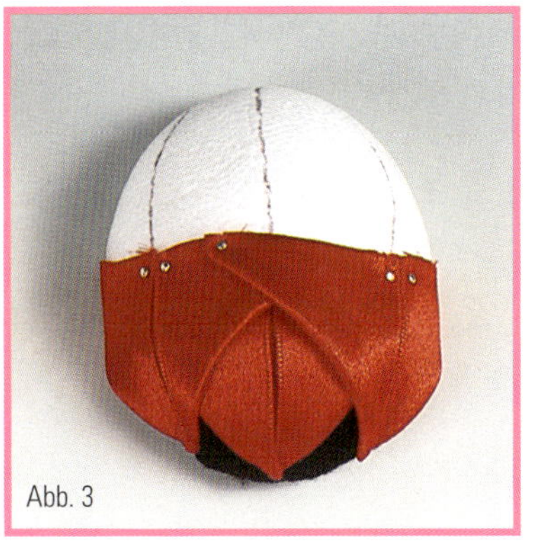
Abb. 3

6. Für den Kopf beziehen Sie das verbliebene Drittel mit dem anderen Stück schwarzen Filz, wobei der Filz oben am Kopfende sehr sauber mit Heißkleber befestigt wird. Der untere Teil des Filzes wird auf der Käferunterseite mit Bastelnadeln festgesteckt.

7. Kleben Sie nun die Kulleraugen und 2 kurze, je ca. 1 cm lange Stücke von dem schwarzen Pfeifenputzer als Fühler an den Kopf.

8. Aus schwarzen Pfeifenputzern formen Sie 3 Fußpaare, die Sie auf der Käferunterseite in gleichmäßigen Abständen ankleben. Für die Versäuberung der Unterseite schneiden Sie aus schwarzem Moosgummi ein passgerechtes Oval zu und kleben den Käfer darauf auf.

9. Zum Schluss werden mit dem Locher kleine Punkte aus den Moosgummiresten ausgestanzt, mit denen Sie den Käfer verzieren.

Edle Schmuckdosen

Material für die ovale Dose:

- 1 Styropordose, 20 cm lang
- 1 ovales Stück hellgrüner Stoff, 13 x 20 cm
- 1,58 m hellbraunes Band, 4 cm breit
- 1,05 m goldene Schlingenborte, 3 cm breit
- 1,68 m bunt gemustertes Band, 6 cm breit
- 1 goldfarbener Knopf, Ø ca. 2 cm
- Granitfarbe
- 82 cm Goldkordel
- Bastelnadeln, 10 mm
- Zackenschere, Heißkleber

So wird's gemacht:

1. Schneiden Sie den hellgrünen Stoff mit der Zackenschere zurecht und kleben Sie ihn auf den Boden der Dose. Den äußeren Rand der Dose bekleben Sie oben beginnend mit hellbraunem Satinband. Den unteren Teil des Randes verzieren Sie durch das Aufkleben der goldenen Schlingenborte (Abb. 1a).

2. Nun wird der Dosendeckel mit Bandstücken besteckt. Hierfür schneiden Sie sich das bunt gemusterte Band mit der Zackenschere auf 12 cm lange Stücke zurecht, die Sie vor dem Aufstecken zu Dreiecken falten. Markieren Sie mit einem Filzstift die Mitte der Dose. Stecken Sie ein 4 x 4 cm großes hellbraunes Bandquadrat mit 4 Bastelnadeln exakt auf die Mitte. Bestecken Sie das Viereck mit 4 bunten, sich gegenüberliegenden Dreiecken so, dass das Viereck völlig bedeckt ist (Abb. 1 b).

3. Für die 2. Reihe stecken Sie 4 hellbraune Quadrate 2 cm nach hinten versetzt in die Zwischenräume der 1. Reihe. Die 3. Reihe besteht wiederum aus 4 braunen Bändern, die 1 cm nach hinten versetzt in die Zwischenräume der 2. Reihe gesetzt werden.

4. Für die 4. Reihe stecken Sie 4 bunte Bänder 1 cm nach hinten versetzt in die Zwischenräume der hellbraunen Bänder der vorangegangenen Reihe. So ergibt sich die Sternoptik.

Abb. 1 a
Abb. 1 b
Abb. 1 c
Abb. 2 a
Abb. 2 b

Abb. 3

5. Um das Oval der Dose vollständig zu bedecken, wird an den langen Seiten je 1 zusätzliches buntes Dreieck aufgesteckt. Der Deckelrand wird nun mit der goldenen Schlingenborte beklebt. Auf die Mitte des Deckels setzen Sie den Goldknopf, den Sie ebenfalls mit Heißkleber befestigen (Abb. 1c).

6. Die Innenseiten der Dose bekleben Sie mit hellbraunem Satinband. Den Boden und die oberen Ränder malen Sie mit Granitfarbe an. Damit die Farbe gut deckt, müssen Sie diese zweimal auftragen. Wenn die Farbe gut abgetrocknet ist, verzieren Sie den Boden in der Dose durch das Aufkleben von Goldkordel. Den Deckel verzieren Sie innen in der gleichen Weise (Abb. 3).

Material für die rote Dose:

- 1 viereckige Styropordose, 13 x 13 cm
- 1 Stück dunkelroter Stoff, 13 x 13 cm
- 4,92 m dunkelrotes Satinband, 4 cm breit
- Granitfarbe
- 1,44 m schmale Goldborte für den Deckel
- 1,04 m schmale Goldborte für die Dose
- 60 cm rotes Satinband für 1 Doppelschleife, 5 mm breit
- 1 rote Nelke, 1 rote Rose
- Rosenblätter
- Bastelnadeln, 10 mm
- Zackenschere, Heißkleber

So wird's gemacht:

1. Den äußeren Boden der Dose bekleben Sie mit rotem Stoff, den Sie mit der Zackenschere versäubern. Den oberen Teil der Außenseiten bekleben Sie mit rotem Band. Auf dieses Band stecken Sie 2 Reihen roter Banddreiecke, die Sie aus 8 cm langen Bandstücken falten, versetzt so auf, dass die breiten Seiten der Dreiecke genau auf der Bandunterkante sitzen (Abb. 2a). Bemalen Sie das Styropor bis zum Boden mit Granitfarbe und bekleben Sie den Bandabschluss und den unteren Teil der Dose mit schmaler Goldborte.

2. Nun wird die Mitte des Dosendeckels markiert. Diese decken Sie mit einem 4 x 4 cm großen Stück rotem Band ab. Falten Sie aus 8 cm langen Bandstücken Dreiecke zum Bestecken. Für die 1. Reihe werden 4 Dreiecke mit der Faltung nach außen so auf das Quadrat gesteckt, dass es nicht mehr sichtbar ist. Für die 2. Reihe werden 4 nach außen gefaltete Dreiecke 1 cm nach hinten versetzt in die Zwischenräume der 1. Reihe gesteckt. So stecken Sie Reihe um Reihe immer im Versatz, bis der Deckel bedeckt ist.

3. Die Außenkanten sowie die Unterkanten des Deckels verzieren Sie mit Goldborte. Auf eine der Deckelecken bringen Sie eine Doppelschleife aus dem schmalen roten Satinband an. Bekleben Sie die so geschmückte Ecke zusätzlich mit Blüten und Blättern (Abb. 2b).

4. Die Innenseiten und die obere Kante der Dose bemalen Sie mit Granitfarbe, die Sie wegen der Deckkraft zweimal auftragen. Der innere Rand wird ebenfalls mit Goldborte beklebt.

Frische Efeukugel

Material:

- 1 Styroporkugel, Ø 12 cm
- 7,04 m Efeuband, 4 cm breit
- 7,76 m beiges Satinband, 4 cm breit
- 1 m grünes Satinband für die Aufhängung, 5 mm breit
- 2 x 70 cm Efeuband für 2 Schleifen, 4 cm breit
- Basteldraht
- 2 kleine Efeuzweige
- 2 kleine Weinrebenranken
- 10 kleine gelbliche Blumen
- 2 Schmetterlinge
- Bastelnadeln, 16 mm
- Zackenschere, Heißkleber

So wird's gemacht:

1. Auf der Kugelmitte ein 4 x 4 cm breites Stück Satinband an den Ecken mit 4 Bastelnadeln feststecken (Abb. 1). Die Bänder zum Bestecken mit der Zackenschere in 8 cm lange Stücke schneiden und zu Dreiecken falten.

2. Für die 1. Reihe werden 4 gemusterte Dreiecke so auf das beige Quadrat gesteckt, dass sich die Spitzen im Mittelpunkt treffen. In die Zwischenräume der ersten 4 Dreiecke werden Satindreiecke 1 cm nach hinten versetzt aufgesteckt (Abb. 2).

3. Für die 3. Reihe werden 4 gemusterte Dreiecke 1 cm nach hinten versetzt auf die rechten Kanten der gemusterten Dreiecke der 1. Reihe gesteckt (Abb. 3). Für die 4. Reihe werden Satindreiecke 1 cm nach hinten versetzt auf die rechten Kanten der Satindreiecke der 2. Reihe gesteckt. So fahren Sie fort, bis die Kugel vollständig bedeckt ist.

4. In der Mitte der Kugel wird der Bastelhaken eingeklebt, durch den Sie das grüne Satinband für die Aufhängung ziehen und verknoten. Aus dem Efeuband fertigen Sie mit Hilfe von Basteldraht 2 Schleifen, die Sie links und rechts vom Bastelhaken befestigen. Die Schleifenenden versäubern Sie mit der Zackenschere. Die Efeu- und die Weinrebenzweige fixieren Sie mit Heißkleber zwischen den beiden Schleifen. Die zartgelben Blümchen werden zwischen den Zweigen verteilt eingeklebt. Abschließend wird die Kugel noch mit den Schmetterlingen verziert.

Abb. 1 Abb. 2 Abb. 3

Herbstliches Hufeisen

Material:

- 1 Styroporhufeisen, ca. 20 cm breit, ca. 23 cm lang
- 3,20 m bunt gemustertes Herbstband, 4 cm breit
- 6,16 m hellbraunes Satinband, 4 cm breit
- 1 m hellbraunes Satinband für den Abschluss, 4 cm breit
- 85 cm bunt gemustertes Herbstband für die Aufhängung, 4 cm breit
- 2 x 60 cm hellbraunes Satinband für 2 Schleifen, 4 cm breit
- 40 cm hellbraunes Satinband für 1 kleine Schleife, 5 mm breit
- 3 Efeuzweige in herbstlichen Farben
- 3 kleine Rosenblätterzweige
- 1 Traubenranke
- 2 kleine Birnen
- 3 große Hagebutten
- 1 Vögelchen, 3 cm
- 1 gelber Schmetterling, 3 cm breit
- Bastelnadeln, 16 mm
- Zackenschere, Heißkleber

So wird's gemacht:

1. Die Enden des Hufeisens bedecken Sie mit je 1 Quadrat à 4 x 4 cm, das Sie aus dem hellbraunen Band mit der Zackenschere schneiden. Die Bänder zum Bestecken schneiden Sie ebenfalls mit der Zackenschere in 8 cm lange Stücke.

2. Zeichnen Sie mit dem Filzstift die Mittellinie auf der Oberseite des Hufeisens ein. Beginnen Sie nun auf der Oberseite des Hufeisens mit dem Aufstecken eines Dreiecks aus gemustertem Band. Für die 2. Reihe stecken Sie rechts und links des bunten Dreiecks je 1 hellbraunes Dreieck, und zwar so, dass das Hufeisen seitlich und hinten bedeckt ist. Achten Sie darauf, dass beide Hufeisenseiten gleich gearbeitet werden.

3. Für die 3. Reihe wird 1 buntes Banddreieck 1 cm nach hinten versetzt auf die 1. Reihe mit dem bunten Band gesteckt. Für die 4. Reihe stecken Sie je 1 hellbraunes Banddreieck 1 cm nach hinten versetzt unter die hellbraunen Banddreiecke der 2. Reihe (Abb. 1).

4. Arbeiten Sie so weiter, bis das Hufeisen fast völlig besteckt ist (Abb. 2). Die Mitte lassen Sie frei

Abb. 1

und umwickeln sie mit hellbraunem Satinband. Binden Sie um die so umwickelte Mitte das bunte Band für die Aufhängung, verknoten Sie die Enden und bringen Sie daran eine hellbraune Satinschleife an.

5. Zur Dekoration kleben Sie 1 hellbraune Schleife sowie eine kleine Schleife aus dem schmalen Satin-

Abb. 2

band auf den Kranz. Jetzt kleben Sie die Zweige, Hagebutten, Traubenranke, Birnen, das Vögelchen und den Schmetterling in dekorativer Anordnung dazu.

Schlummer-Mond

Material:

- 1 Styropormond, ca. 24 cm hoch
- 4,40 m Silberband, 3,5 cm breit
- 4,40 m blaues Band, 3,5 cm breit
- 3,44 m Silberband, 4 cm breit
- 3,36 m blaues Band, 4 cm breit
- 48 cm gelb gemustertes Band für die Nase des Mondes
- Bastelnadeln, 16 mm
- Heißkleber, Zackenschere

Außerdem:

- 11 goldene Holzsterne, Ø ca. 2 cm
- 3 blaue Holzsterne, Ø ca. 2 cm
- 10 cm silberne Zierkordel für die Aufhängung der Glocke
- 1 goldenes Glöckchen, Ø ca. 1,5 cm
- 1 m silberne Zierkordel für die Aufhängung
- 2 Kulleraugen
- 1 Plüschtier für die Dekoration, ca. 15 cm lang

So wird's gemacht:

1. Zuerst teilen Sie den Mond in 4 Abteilungen auf. Zeichnen Sie die Längsstriche mit einem Filzstift auf das Styropor (Abb. 1). Für das untere und das obere Drittel des Mondes werden die Bänder mit einer Breite von 3,5 cm in 5 cm lange Stücke geschnitten und zu Dreiecken gefaltet. Die Mitte des Mondes wird mit Dreiecken aus 4 cm breitem und 6 cm langem Band bestückt. Stecken Sie die schmalen Seiten des Mondes eng; nach außen hin werden die Dreiecke breiter verlaufend gesteckt.

2. Stecken Sie auf die untere Spitze 1 silberfarbenes Bandquadrat, 4 x 4 cm, mit 4 Bastelnadeln auf. Auf das Bandquadrat stecken Sie 4 blaue, sich gegenüberliegende Banddreiecke so auf, dass das Quadrat völlig bedeckt ist. In die Zwischenräume der 1. Reihe stecken Sie für die 2. Reihe 4 silberfarbene Dreiecke 1 cm nach hinten versetzt auf.

3. Für die 3. Reihe stecken Sie 4 blaue Dreiecke 1 cm nach hinten versetzt in die Zwischenräume der 2. Reihe. Die 4. Reihe wird mit 4 silberfarbenen Dreiecken in gleicher Weise besteckt. So fahren Sie fort, bis ein Drittel des Mondes bedeckt ist (Abb. 1).

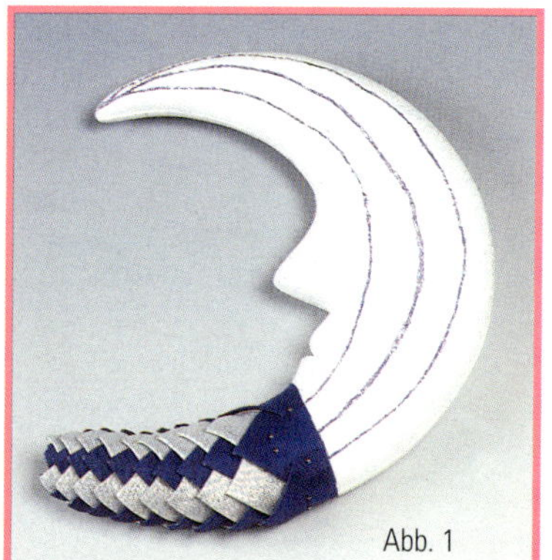

Abb. 1

4. Für das mittlere Drittel verwenden Sie die 4 cm breiten Bänder, die Sie in 6 cm lange Stücke schneiden. Die Stecktechnik bleibt die gleiche. Den Nasenansatz und die Nase stecken Sie mit dem gelb gemusterten Band (Abb. 2). Für das obere Drittel wird wieder das schmalere Band verwendet. Der Mond ist nun rundum mit Banddreiecken besteckt.

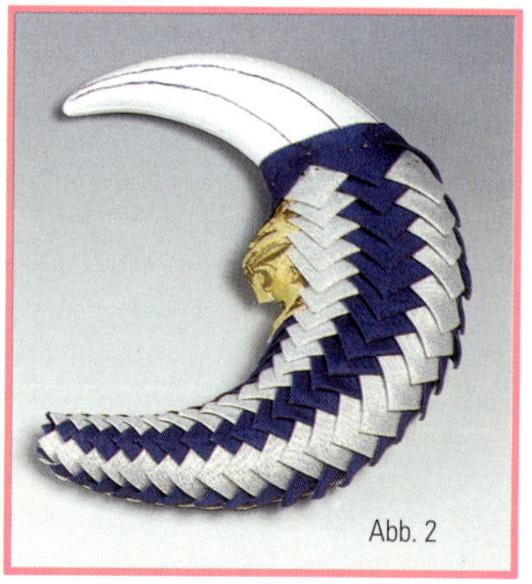

Abb. 2

5. Den Bandansatz, der durch die Versäuberung der oberen Spitze entsteht, verdecken Sie, indem Sie einen Abschluss aus Silberkordel kleben. Ziehen Sie den verbleibenden Kordelrest durch die Aufhängung am Goldglöckchen und kleben Sie das Kordelende ebenfalls an der Mondspitze fest. Auf die Klebestelle der Kordel kleben Sie einen blauen Holzstern.

6. Kleben Sie die Augen auf beiden Seiten des Mondes fest. Danach kleben Sie die goldenen Holzsterne in schöner Anordnung beidseitig auf den Mond.

7. Zum Schluss legen Sie die Silberkordel für die Aufhängung um das obere Drittel des Mondes und bilden eine Schlaufe, durch die Sie die Kordelenden ziehen. An die Kordelenden kleben Sie als Abschluss je 1 blauen Stern.

8. Auf der Schlaufe befestigen Sie die kleine Plüschfigur mit Heißkleber.

Zierende Rahmen zum Hängen und Stellen

Material für den grünen Rahmen:

- 1 Styroporbilderrahmen, 23 x 32 cm
- ca. 9 m dunkelgrünes Satinband zum Umwickeln, 4 cm breit
- 3 Bilderhaken, 3 Bastelhaken
- 1 Styroporkugel, Ø 6 cm
- 2,25 m bunt gemustertes Blumenband, 2,5 cm breit
- 48 cm dunkelgrünes Band für die Blätter, 4 cm breit
- ca. 70 cm gelbes Satinband für 1 Doppelschleife, 5 mm breit
- kleine Rosenzweige mit gelben Röschen
- 1 kleines Vögelchen
- Bastelnadeln, 16 mm
- Zackenschere, Heißkleber

Autogrammkarte von Sophia Loren. Fotografie: Angelo Frontoni - 1995

So wird's gemacht:

1. Umwickeln Sie den ganzen Rahmen eng mit dem dunkelgrünen Satinband. Auf der Rückseite befestigen Sie oben 3 Bilderhaken mit je 1 Bastelhaken, den Sie mit Heißkleber im Styropor befestigen.
Auf die Styroporkugel legen Sie ein 2,5 x 2,5 cm großes Stück Blumenband und befestigen dieses mit 4 Bastelnadeln. Schneiden Sie nun das Blumenband in 5 cm lange Stücke. Legen Sie diese Bandstücke zu Tütchen wie folgt: Zunächst legen Sie ein Dreieck, die Bandkante liegt innen. Die beiden unteren Ecken des Dreiecks werden leicht schräg zur Mitte hin übereinander gelegt. Das Tütchen wird mit 3 Bastelnadeln festgesteckt.

2. Stecken Sie nun die Tütchen 3 Reihen versetzt mit der Faltung nach außen auf die Kugel. Ab der 4. Reihe stecken Sie die Tütchen mit der Faltung nach innen (s. Abb.). So verfahren Sie, bis die Kugel zu zwei Dritteln besteckt ist.

3. Schneiden Sie 6 grüne Bandstücke – 4 cm breit, 8 cm lang – zurecht. Falten Sie Dreiecke aus den Bandstücken, klappen Sie die seitlichen Ecken nach innen ein und stecken Sie diese grünen Dreiecke als Blätter rundum auf die Kugel. Den unbedeckten Teil der Kugel schneiden Sie mit einem großen, scharfen Messer ab und kleben das Zierelement auf die linke, obere Seite des Rahmens. Verzieren Sie die aufgeklebte Kugelblume zusätzlich mit Zweigen, Röschen und einem Vögelchen.

3. Die 2. Reihe wird mit dunkelroten Dreiecken besteckt, wobei die Dreiecke 1 cm nach unten versetzt auf die hellrosafarbenen Dreiecke der 1. Reihe gesteckt werden. Für die 3. Reihe verwenden Sie wieder hellrosafarbene Dreiecke (s. Abb.). Fahren Sie im Wechsel fort, bis die komplette Rahmenseite besteckt ist.

4. Verzieren Sie die so besteckte Rahmenseite unten sehr üppig mit Efeublättern, Rosenzweigen und kleinen Blumen. Die andere Rahmenecke wird mit 1 roten Kordelschleife, kleinen Schleifen aus den schmalen rosafarbenen und roten Bändern sowie Efeublättern, Rosenzweigen und Blümchen geschmückt.

Material für den roten Rahmen:
- 1 Styroporbilderrahmen, ca. 22 x 16 cm
- ca. 5,50 m dunkelrotes Band zum Umwickeln, 4 cm breit
- 2 Bastelhaken, 2 Bilderhaken
- 1,28 m dunkelrotes Band, 4 cm breit
- 1,60 m hellrosafarbenes Band, 4 cm breit
- 30 cm rote Kordel
- 20 cm hellrosafarbenes Band für 1 Schleife, 3 mm breit
- 20 cm dunkelrotes Band für 1 Schleife, 3 mm breit
- Efeublätter und Rosenzweige
- 3 kleine, dunkelrote Röschen
- 2 dunkelrote Nelken
- 3 hellrosafarbene Primelblüten
- Bastelnadeln, 16 mm
- Zackenschere, Heißkleber

So wird's gemacht:

1. Der Rahmen wird komplett mit dem dunkelroten Band umwickelt. Achten Sie dabei darauf, dass Sie schön gleichmäßig und eng wickeln. Befestigen Sie auf der oberen Rückseite 2 Bilderhaken mit je 1 Bastelhaken, den Sie mit Heißkleber im Styropor festkleben.

2. Nun wird die rechte oder linke Seite des Rahmens in Artischockentechnik besteckt. Schneiden Sie das hellrosafarbene und das dunkelrote Band in 8 cm lange Stücke. Falten Sie 4 rosafarbene Dreiecke. Stecken Sie 1 Dreieck vorne auf die Mitte, 1 Dreieck auf die Rahmenrückseite und je 1 Dreieck links und rechts davon.

Adventskranz mit Kerzendekoration

Material:

Für den Kranz:

- 1 Styroporkranz, Ø 35 cm
- 13 m dunkelgrünes, drahtverstärktes Band mit Goldkante, 4 cm breit
- 4 goldfarbene Kerzenteller, Ø ca. 6 cm
- 4 Styroporkerzenhalter, Ø ca. 6 cm, 7 cm hoch
- Bastelnadeln, 16 mm
- Heißkleber, Zackenschere

Für 1 Kerzenhalter:
- 2,56 m dunkelgrünes, drahtverstärktes Band mit Goldkante, 4 cm breit
- 2,24 m buntes Weihnachtsband, 4 cm breit

Für die Kranzdekoration:
- ca. 2,40 m Goldband, 4 cm breit
- 2 große, golden gespritzte Tannenzapfen
- 5 kleine Tannenzapfen
- 8 kleine Kiefernzweige
- 4 rote Röschen, mit goldenem Glitzerkleber verziert
- 4 kleine Efeuzweige
- 12 goldene Perlen
- 4 rote Äpfelchen

So wird's gemacht:

1. Den Kranz umwickeln Sie eng mit dem dunkelgrünen, drahtverstärkten Band mit Goldkante. Die 4 goldfarbenen Kerzenteller stecken Sie oben und unten, rechts und links in gleichen Abständen in den Kranz und fixieren sie zusätzlich mit Heißkleber. Später werden hierauf die in Artischockentechnik besteckten Styroporkerzenhalter befestigt.

2. Nun arbeiten Sie die Kerzenhalter. Sie beginnen an der oberen Öffnung, in die später die Kerzen gesteckt werden. Schneiden Sie das hierfür vorgesehene Band in 8 cm lange Streifen, die Sie zu Dreiecken falten. Nehmen Sie 4 bunt gemusterte Dreiecke, stecken Sie diese außen am Rand fest und klappen Sie die Spitzen in das Innere des Kerzenhalters. Für die 2. Reihe werden in die Zwischenräume der 1. Reihe 4 grüne Banddreiecke gesteckt, deren Spitzen ca. 2 cm über den Rand des Kerzenhalters ragen sollten.

3. Für die 3. Reihe werden 4 grüne Dreiecke in die Zwischenräume der 2. Reihe gesteckt. Die Spitzen aller bisher gesteckten grünen Dreiecke werden nach außen gebogen. Dies geht durch die Drahtverstärkung im Band sehr leicht (Abb. 1).

Abb. 1

4. Die 4. und 5. Reihe wird mit bunt gemustertem Band besteckt. Auch hier werden die Banddreiecke immer in die Zwischenräume der vorangegangenen Reihe gesteckt. Die 6. und 7. Reihe wird mit grünem Band, die 8. und 9. Reihe mit bunt gemustertem, die 10. und 11. Reihe wieder mit grünem, die 12. und 13. Reihe mit bunt gemustertem Band gearbeitet. Die letzten beiden Reihen – 14 und 15 – werden mit grünem Band bestückt, wobei die Banddreiecke der 15. Reihe tief innen in dem Kerzenboden befestigt werden (Abb. 2).

Abb. 2

5. Nach der Anweisung arbeiten Sie 4 Kerzenhalter (Abb. 3), die Sie dann auf den goldfarbenen, auf dem Kranz befestigten Kerzentellern mit Heißkleber ankleben.

Abb. 3

6. Binden Sie nun aus dem breiten Goldband schöne Schleifen und verzieren Sie den Kranz zwischen den Kerzenhaltern üppig mit den Schleifen und den anderen Dekorationsmaterialien.

Schöne Kugeln für Fenster und Baum

Material für 1 Kugel:
- 1 Styroporkugel, Ø 8 cm
- 3,28 m rot-goldenes Weihnachtsband, 4 cm breit
- 28 cm Goldband für die Einfassung, 5 mm breit
- 56 cm Goldkordel für die Einfassung
- 1 Bastelhaken
- ca. 70 cm Goldband für die Aufhängung, 5 mm breit
- ca. 40 cm Goldband für 2 Schleifen, 5 mm breit
- Bastelnadeln, 16 mm
- Heißkleber, Zackenschere

Für die Verzierung:
- 2–3 kleine Efeurispen
- 1 goldene Weinrispe mit Goldbeeren
- 1 kleiner Tannenzweig
- 1 kleiner Kiefernzweig
- 1 goldene Perle
- 2 goldene Sterne, Ø 2 cm
- 1 kleine rote Kugel

So wird's gemacht:

Beschrieben wird hier die rot-goldene Weihnachtskugel, die Sie auf den Fotos als 2. Kugel von links abgebildet finden. Die anderen abgebildeten Kugeln dienen Ihnen als Anregung für Steckvarianten und Bandkompositionen. Die hier bei den Kugeln gezeigten, nicht beschriebenen Steckvarianten finden Sie bei anderen Motiven beschrieben, die in diesem Buch abgebildet sind.

1. Auf der Mitte der Styroporkugel stecken Sie ein 4 x 4 cm großes Stück Weihnachtsband mit 4 Bastelnadeln fest. Den Rest des rot-goldenen Weihnachtsbandes schneiden Sie mit der Zackenschere in 8 cm lange Stücke, die Sie vor dem Aufstecken zu Dreiecken falten.

2. Für die 1. Reihe stecken Sie 4 rotgoldene Banddreiecke sich gegenüberliegend so auf das Bandquadrat, dass dieses völlig bedeckt ist. Die Spitzen der Dreiecke werden jeweils mit 1 Bastelnadel festgesteckt. Für die 2. Reihe stecken Sie 4 Dreiecke 2 cm nach hinten versetzt in die

Zwischenräume der Dreiecke der 1. Reihe (Abb. 1).

Abb. 1

3. Für die 3. Reihe werden 4 Dreiecke in die Zwischenräume der 2. Reihe gesteckt. Beachten Sie dabei, dass die Spitzen der Dreiecke der 3. Reihe auf gleicher Höhe mit den Spitzen der Dreiecke der 2. Reihe sitzen müssen.

4. Die 4 Dreiecke der 4. Reihe werden 1 cm nach hinten versetzt auf die Dreiecke der 2. Reihe gesteckt (Abb. 2). Für die 5. Reihe stecken Sie 4 Dreiecke 1 cm nach hinten versetzt auf die Dreiecke der 3. Reihe. Ihre Kugel ist nun auf einer Seite völlig besteckt. Für die andere Seite der Kugel wiederholen Sie die hier geschilderten Arbeitsschritte.

Abb. 2

5. Nun wird der bislang noch nicht bedeckte Rand der Kugel verziert. Kleben Sie hierfür das 5 mm breite Goldband auf und kleben Sie links und rechts vom Goldband die Goldkordel auf.

6. Befestigen Sie den Bastelhaken mit Heißkleber oben in der Mitte der Kugel, ziehen Sie das Band für die Aufhängung durch den Haken und verknoten Sie die Bandenden.

Binden Sie aus Goldband 2 kleine Schleifen und befestigen Sie diese links und rechts vom Bastelhaken.

7. Für die Verzierung der Kugel kleben Sie die Rispen und Zweige auf die Kugel und dekorieren das Ganze mit 2 Goldsternen und der kleinen roten Kugel, die Sie zwischen die Zweige und Rispen kleben. Zum Schluss wird auf die Tannenspitze 1 kleine Goldperle geklebt.

Glocken zur Weihnachtszeit

Material:

- 1 sechseckige Styroporglocke, 13 cm hoch
- 45 cm dunkelroter Satinstoff für den Glockenrand, 4 cm breit
- 1 Kreis aus Bastelkarton, Ø 9 cm
- grüner Filzstoff, auf Ø 9 cm geschnitten
- 5,28 m dunkelgrünes Satinband, 4 cm breit
- 5,28 m beige gemustertes Weihnachtsband, 4 cm breit
- 60 cm grünes Satinband für die Aufhängung, 5 mm breit
- 1 Bastelhaken

Außerdem:

- 1 m beige gemustertes Weihnachtsband für 2 Schleifen, 4 cm breit
- Basteldraht
- 4 kleine Tannenzweige
- 4 kleine Goldperlen
- 2 goldene Äpfelchen, Ø 3 cm
- 1 Goldstern, Ø 3 cm
- 2 rote Holzsterne, 2 cm
- 2 goldene Päckchen, 2 cm
- 1 kleine goldene Kugel, Ø 1 cm
- 1 Nikolaus, 4 cm hoch
- 30 cm gedrehte Goldkordel
- 1 flacher Goldstern, Ø 2 cm
- Bastelnadeln, 16 mm
- Zackenschere, Heißkleber

So wird's gemacht:

1. Beschrieben wird die rechte Glocke auf dem Gruppenfoto der gegenüberliegenden Seite. Bedecken Sie den Glockenrand seitlich und unten mit dem roten Satinstoff. Stecken Sie den Stoff mit reichlich Bastelnadeln fest (Abb. 1). Für die Abdeckung der Glockenöffnung bekleben Sie die Pappscheibe mit grünem Filz und kleben diese wiederum über die Glockenöffnung.

2. Schneiden Sie das grüne Band und das gemusterte Weihnachtsband in 8 cm lange Stücke. Falten Sie diese vor dem Aufstecken zu Dreiecken. Beginnen Sie mit der Dekoration der Glocke, indem Sie auf jede Kante der Glocke ca. 1 cm über dem bezogenen Rand 1 grünes Dreieck – also 6 Dreiecke – aufstecken (Abb. 2).

3. Für die 2. Reihe stecken Sie 6 gemusterte Dreiecke in die Zwischenräume der 1. Reihe (Abb. 3). Für die 3. Reihe werden 6 grüne Dreiecke in die Zwischenräume der 2. Reihe gesteckt. Für die 4. Reihe stecken Sie 6 bunte Dreiecke in die Zwischenräume der 3. Reihe. Die 5. Reihe wird ebenso mit grünen Dreiecken gestaltet; für die 6. Reihe wird wieder buntes Band verwendet. Sie haben jetzt 3 grüne und 3 bunte Dreiecke übereinander stecken.

4. Ab der 7. Reihe bis einschließlich der 12. Reihe werden grüne Dreiecke auf grüne und bunte Dreiecke auf bunte gesteckt, bis wieder 3 grüne und 3 bunte Dreiecke übereinander gesteckt sind. Ab der 13. Reihe wird wieder gewechselt und ab der 19. Reihe wird erneut gewechselt. So erhalten Sie den aparten Mustermix dieser Glocke, die nunmehr völlig bedeckt ist.

5. Ziehen Sie nun das grüne Satinband durch den Bastelhaken, verknoten Sie die Enden und kleben Sie den Bastelhaken in die Glocke. Verzieren Sie die Glocke oben mit 4 Tannenzweigen, an deren Spitzen Sie kleine Goldperlen kleben. Binden Sie mit Hilfe von Basteldraht aus dem gemusterten Band 2 Schleifen, die Sie auf beiden Seiten der Glocke befestigen. Dekorieren Sie die Glocke üppig mit Goldäpfelchen, goldenen und roten Sternen, Goldpäckchen, 1 kleinen Goldkugel und 1 kleinen Nikolaus.

Weitere Beispiele für besteckte Weihnachtsglocken.

6. Jetzt bekommt die Glockenunterseite das „Finish". Bekleben Sie den Rand der Filzabdeckplatte mit gedrehter Goldkordel und kleben Sie auf die Schnittstellen 1 flachen Goldstern.

Abb. 1 Abb. 2 Abb. 3

Verschiedene Möglichkeiten, die Böden von Glocken schön zu gestalten.

Schillernde Tannenzapfen

Beispiele für Zapfen in verschiedenen Steckarten.

Material für 1 großen, in Spiralform gesteckten Zapfen:

- 1 Styroporkegel, 20 cm hoch
- 6,72 m blau gemustertes Weihnachtsband, 4 cm breit
- 6,76 m rotes Satinband, 4 cm breit
- 1,40 m blaues Satinband für die Aufhängung, 1 cm breit
- 1 Bastelhaken
- 2 x 70 cm blau gemustertes Weihnachtsband für 2 Schleifen, 4 cm breit
- Basteldraht
- Bastelnadeln, 16 mm
- Zackenschere, Heißkleber

Außerdem:

- 4 kleine Tannenzweige
- 4 kleine Goldperlen
- 2 blau gefärbte Efeuzweige
- 2 Stechpalmenzweige
- 20 cm rote Zierkordel
- 2 rote Herzen
- 1 Tannenzapfen, 3 cm
- 1 Goldkugel, Ø 2 cm
- 2 rote Äpfelchen, Ø 2,5 cm
- 2 Nikoläuse, 3 cm hoch
- 1 golden gefärbter Artischockenboden
- einige rote Beeren

Material für 1 kleinen, gerade gesteckten Zapfen:

- 1 Styroporzapfen, 10 cm lang
- 2,88 m orangefarbenes Satinband, 4 cm breit
- 3,20 m bunt gemustertes Band, 4 cm breit
- ca. 50 cm goldenes Band für 2 Schleifen, 4 cm breit
- ca. 70 cm goldenes Band für die Aufhängung, 5 mm breit
- goldene Perlenschnur, ca. 20 cm lang
- 1 goldenes Äpfelchen, Ø 2 cm
- 1 goldene Perle, Ø 2 cm
- einige kleine Beeren
- 1 kleiner Tannenzapfen
- 1 kleiner gelber Apfel
- 1 offener Goldstern, Ø 3 cm
- 2 kleine Tannenzweige, je ca. 6 cm lang
- 2 goldene Kügelchen
- 1 kleiner goldener Stern, Ø 1 cm
- Bastelnadeln, 16 mm
- 1 Bastelhaken, Zackenschere, Heißkleber

Gerade gesteckte Zapfen. Beschrieben wird hier der Zapfen in der Mitte.

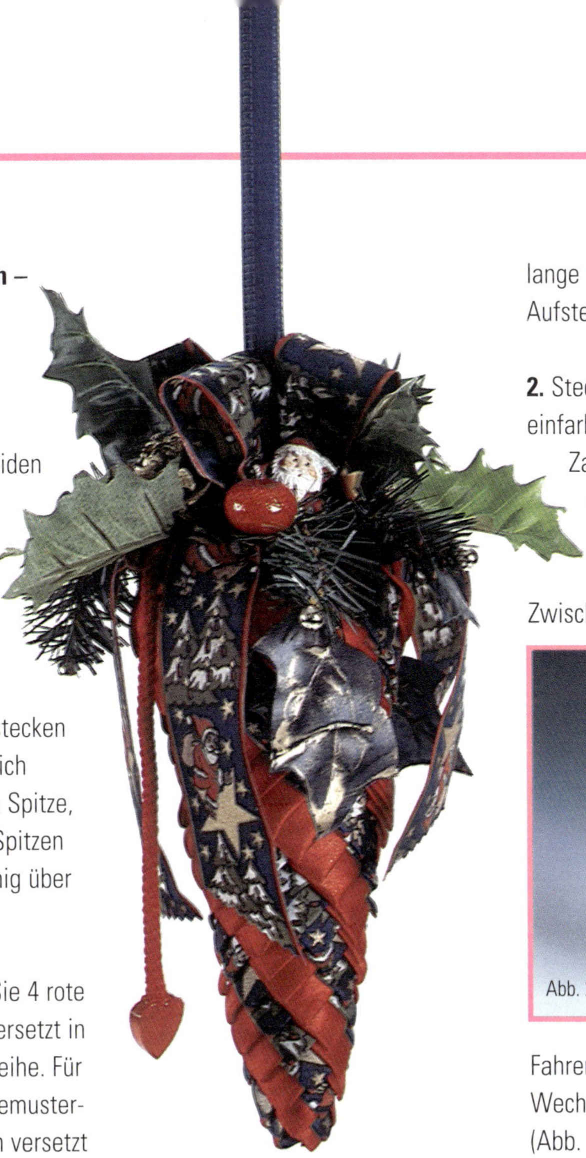

Roter Zapfen in Spiralform – so wird's gemacht:

1. Die Spitze des Kegels bedecken Sie mit einem Stück rotem Band, 4 x 4 cm. Schneiden Sie das gemusterte und das rote Band zum Bestecken mit der Zackenschere in 8 cm lange Stücke und falten Sie diese vor dem Aufstecken zu Dreiecken. Für die 1. Reihe stecken Sie 4 gemusterte Dreiecke sich gegenüberliegend so auf die Spitze, dass diese bedeckt ist. Die Spitzen der Dreiecke stehen ein wenig über der Kegelspitze.

2. Für die 2. Reihe stecken Sie 4 rote Dreiecke 1 cm nach unten versetzt in die Zwischenräume der 1. Reihe. Für die 3. Reihe stecken Sie 4 gemusterte Dreiecke 1 cm nach unten versetzt auf die rechte Kante der Bänder der 1. Reihe. Für die 4. Reihe werden 4 rote Dreiecke auf die rechte Kante der Bänder der 2. Reihe gesteckt (Abb. 1).

Abb. 1

3. Fahren Sie so fort, bis der Zapfen komplett besteckt ist. Ziehen Sie das blaue Band für die Aufhängung durch den Bastelhaken und befestigen Sie diesen mit Heißkleber im Zapfen. Dekorieren Sie den Zapfen üppig mit den aufgeführten und hier abgebildeten oder anderen Dekorationsmaterialien.

Gerade gesteckter Zapfen – so wird's gemacht:

1. Ein Stück Band, 4 x 4 cm, zum Abdecken an der Zapfenspitze mit 4 Nadeln befestigen. Das gemusterte und das einfarbige Band in 8 cm lange Stücke schneiden und vor dem Aufstecken zu Dreiecken falten.

2. Stecken Sie nun 4 Dreiecke des einfarbigen Bandes so an die Zapfenspitze, dass diese bedeckt ist. Mit 4 Dreiecken des gemusterten Bandes bestecken Sie nun die Zwischenräume der 1. Reihe.

Abb. 2

Fahren Sie so Reihe um Reihe, im Wechsel der Bandfarben fort (Abb. 2 und 3), bis der Zapfen vollständig bedeckt ist.

3. Ziehen Sie das Band für die Aufhängung durch den Bastelhaken, verknoten Sie die Bandenden und kleben Sie den Haken in den Zapfen, den Sie anschließend dekorativ verzieren.

Abb. 3

Schöner Sternenschmuck

Material für den blau-silbernen Stern:
- 1 Styroporstern, Ø ca. 22 cm
- 5,96 m blaues Satinband, 4 cm breit
- 5,60 m silbernes Band, 4 cm breit
- 70 cm blaues Satinband für die Aufhängung, 5 mm breit
- 1 Bastelhaken
- 35 cm silbernes Band für 2 Schleifchen, 3 mm breit
- 2 kleine blaue Holzsterne
- 8 kleine silberne Perlen
- Bastelnadeln, 16 mm
- Zackenschere, Heißkleber

So wird's gemacht:

1. Schneiden Sie das blaue und das silberne Band mit der Zackenschere in 8 cm lange Stücke. Bevor Sie die Bänder in Schuppen aufstecken, falten Sie diese zu Dreiecken.

2. Die 5 Sternspitzen werden jeweils mit einem 4 x 4 cm großen, blauen Bandstück mit je 4 Nadeln besteckt und so verdeckt (Abb. 1).

3. Legen Sie den Stern auf eine Arbeitsfläche. Beginnen Sie mit dem silbernen Band. Stecken Sie jeweils 1 Dreieck auf das blaue Quadrat, und zwar so, dass die Dreieckspitze ein wenig über die Sternspitze ragt. Drehen Sie den Stern um und stecken Sie die andere Seite ebenso (Abb. 2).

4. Jetzt stecken Sie das blaue Band in die Zwischenräume der bereits gesteckten, silbernen Dreiecke. Drehen Sie den Stern um und verfahren Sie ebenso (Abb. 3). So geht es weiter, bis Sie insgesamt 5 Reihen von jeder Bandfarbe gesteckt haben (Abb. 4).

5. Um die 5 Zwischenräume zwischen den Sternspitzen zu verdecken, falten Sie 5 blaue Dreiecke, deren Ecken Sie nach innen einklappen. Stecken Sie diese „Tütchen" mit der Faltung nach innen mit je 4 Bastelnadeln in die Zwischenräume (Abb. 5). Mit so gefalteten Bandstücken verfahren Sie in versetzter Steckart auf beiden Sternseiten, bis die Sternenmitte nahezu abgedeckt ist.

6. Falten Sie aus silbernem Band 10 Spitzen, von denen Sie auf jeder Sternseite 5 auf die Sternenmitte stecken. Die Bandspitzen müssen in Richtung der Sternspitzen gesteckt sein. Als Abdeckung werden 2 blaue Bandstücke zu Quadraten gefaltet und mit je 4 Bastelnadeln auf jeder Sternseite festgesteckt. Auf die Ecken der Quadrate wird jeweils 1 Silberperle geklebt.

7. Ziehen Sie das schmale, blaue Satinband durch den Bastelhaken, verknoten Sie die Bandenden, drücken Sie den Haken zwischen zwei Sternzacken in das Styropor und fixieren Sie den Haken zusätzlich mit Klebstoff.

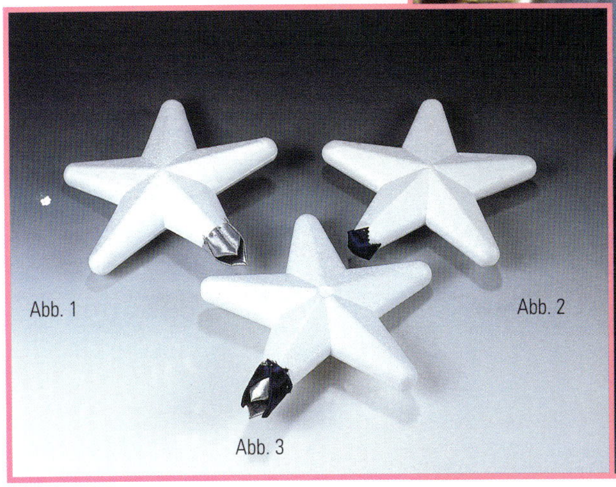

Abb. 1

Abb. 2

Abb. 3

8. Aus dem schmalen, silbernen Band fertigen Sie 2 kleine Schleifen, die Sie rechts und links des Bastelhakens festkleben. In der Mitte der Schleifen bringen Sie jeweils 1 blauen Holzstern an.

Abb.4

Abb.5

Große Weihnachtskugel als Raumdekor

Material:

- 1 Styroporkugel, Ø 25 cm
- 13,76 m gelb gemustertes Weihnachtsband, 4 cm breit
- 13,48 m grünes Satinband, 4 cm breit
- 70 cm Goldband für die Aufhängung, 1,5 cm breit
- 1 Bastelhaken
- 4 Tannenzweige, je ca. 15 cm lang
- 1,20 m grünes Satinband für 2 Schleifen, 4 cm breit
- 1,40 m goldenes Band für 2 Schleifen, 1,5 cm breit
- 1 Goldengel, ca. 7 cm hoch
- 4 kleine goldene Glöckchen mit Perlenschnur, je 40 cm lang
- 2 Goldäpfel, Ø 4 cm
- 1 grüner Apfel, Ø 3 cm
- 1 grüner Apfel, Ø 1,5 cm
- 2 Zweige mit je 3 kleinen Tannenzapfen
- 4 x 30 cm goldene Perlenschnur
- 2 rote Äpfel an Hanfschnüren, Ø 5 cm
- Bastelnadeln, 16 mm
- Zackenschere, Heißkleber

So wird's gemacht:

1. Die untere Mitte der Kugel wird mit einem 4 x 4 cm großen Stück grünem Band abgedeckt. Für die Schuppen, die auf die Kugel gesteckt werden, schneiden Sie mit der Zackenschere das grüne und das gemusterte Band in 8 cm lange Streifen.

2. Für die 1. Reihe werden 4 gemusterte Dreiecke sich gegenüberliegend so aufgesteckt, dass sie das grüne Quadrat völlig abdecken. Für die 2. Reihe stecken Sie 4 grüne Dreiecke 1 cm nach hinten versetzt in die Zwischenräume der 1. Reihe.

3. Die 3. Reihe wird aus 4 weiteren grünen Dreiecken gebildet, die wiederum 1 cm nach hinten versetzt in die Zwischenräume der 2. Reihe gesteckt werden.

4. Die 4. Reihe wird mit 8 gemusterten Dreiecken gesteckt, die 1 cm nach hinten versetzt in die Zwischenräume der 3. Reihe gesteckt werden. Sie stecken nunmehr mit 8 Dreiecken im Wechsel weiter, bis von jeder Bandart 7 Dreiecke hintereinander gesteckt sind und das Untere der Kugel etwa zu einem Drittel bedeckt ist.

5. Ab der 8. Reihe tritt ein Wechsel ein. Nunmehr werden über den bestehenden grünen Dreiecken bunte gesteckt und umgekehrt. Arbeiten Sie so, bis Sie wieder 7 Dreiecke der gleichen Bandfarbe hintereinander gesteckt haben. Die Kugel ist jetzt zu zwei Dritteln bedeckt. Für das letzte Drittel wechseln Sie erneut.

6. Ziehen Sie das goldene Band für die Aufhängung durch den Bastelhaken, stecken Sie diesen tief in die Styroporkugel und fixieren Sie ihn mit reichlich Heißkleber.
Binden Sie aus Goldband 2 Schleifen, die Sie seitlich des Bastelhakens festkleben. Aus dem grünen Band werden ebenfalls Schleifen gebunden, die sich gegenüberliegend aufgeklebt werden. Schneiden Sie die Enden der Bänder mit der Zackenschere schräg ab.

7. In die Zwischenräume der Schleifen kleben Sie die Tannenzweige, die Perlschnüre, die Glöckchen mit Perlschnur und die roten Äpfel. Dekorieren Sie die Kugel üppig mit den anderen Dekorationsmaterialien.

Zauberhafte Engelfiguren

Material:

- 1 Styroporkegel, ca. 20 cm hoch
- 4,80 m rosafarbenes, drahtverstärktes Band mit Goldrand, ca. 4 cm breit
- 4,80 m rosa-gold gemustertes, drahtverstärktes Band mit Goldrand, ca. 4 cm breit
- 1 Päckchen Bastelnadeln, 16 mm

Außerdem:

- 2 Streichhölzer
- 2 Engelsarme
- 1 Engelskopf
- etwas goldener Basteldraht für den Heiligenschein
- 2 kleine Goldsterne
- 75 cm rosa-gold gemustertes, drahtverstärktes Band mit Goldrand, ca. 4 cm breit
- 40 cm Goldband, ca. 5 mm breit für Gürtel und Halsabschluss
- 1 Stück Perlenschnur mit 5 kleinen Goldperlen
- 1 Paar Engelsflügel
- 10 x 10 cm hellrosafarbener Stoff für den Kegelboden
- Heißkleber, Zackenschere

So wird's gemacht:

1. Die Bänder in Stücke von 8 cm Länge schneiden. Jedes Stück vor dem Aufstecken zu einem Dreieck falten, mit den Einschlagseiten nach innen aufstecken.

2. 6 Dreiecke des rosa Bandes gleichmäßig verteilt unten, 1 cm über dem Kegelrand feststecken, für die 2. Reihe 6 rosa-gold gemusterte Dreiecke dazwischen stecken (Abb.1).

3. Ab der 3. Reihe werden 6 rosa-gold gemusterte Dreiecke 1 cm versetzt über der 1. Reihe der rosa Dreiecke gesteckt. Ab der 4. Reihe werden 6 rosa Dreiecke über die rosa-gold gemusterten Dreiecke der 2. Reihe gesteckt. So fortfahren, bis der Engelskörper bzw. Kegel zu dreiviertel bedeckt ist (Abb. 2).

4. In jeden Arm 1 etwas gekürztes Streichholz stecken und festkleben. Die Arme rechts und links in den Kegel stecken. Den Kopf auf die

Kegelspitze kleben. Aus Basteldraht einen Heiligenschein drehen, diesen mit 1 Stern auf dem Kopf ankleben.

5. Das 75 cm lange, rosa-gold gemusterte Band mit der Zackenschere versäubern und so um Hals und Arme schlingen, dass ein Oberteil entsteht. Das Band mit 2 Bastelnadeln links und rechts unterhalb der Arme fixieren.

6. Aus schmalem Goldband um Hals und Taille des Engels Schleifen binden und diese festkleben. Zusätzlich die Taille mit einer Perlenschnur aus etwa 5 Goldperlen verzieren, an die Halsdekoration 1 Goldstern kleben. Dann die Flügel in der Mitte des Rückens festkleben.

7. Den Boden des Styroporkegels mit hellrosa Stoff bekleben (Abb. 3). Dafür den Stoff kreisrund (Ø 10 cm) mit der Zackenschere versäubernd ausschneiden.

Abb. 1 Abb. 2 Abb. 3

Unser beschriebener Engel in einer Gruppe von Engeln, die in anderen Bandfarben und Dekorationen gesteckt bzw. geklebt wurden.

Tannenbaum im Topf

Material:

- 1 Styroporpyramide, 20 cm hoch
- 42 cm grünes Band für die Randversäuberung, 4 cm breit
- grüner Filzstoff für den Boden, 12 x 12 cm
- 2 offene Sterne, 4 cm breit
- 17,92 m grünes Band mit Goldkante, 4 cm breit
- 8 cm grünes Band für die Spitze
- 1 Terrakotta-Topf, Ø 9 cm, 10 cm hoch
- Steckmoos, 10 x 9 cm
- 1 Holzstab als Stamm, ca. 22 cm lang
- 2 x 20 cm grünes Satinband für 2 Schleifen, 5 mm breit
- 16 kleine Tannenzapfen
- 8 kleine Goldperlen
- 8 kleine Sterne
- 1 Engel, 4 cm hoch
- 1 Tannenzapfen, 4 cm lang
- 1 Tannenzapfen, 5 cm lang
- 1 rotes Päckchen, 2 x 2 cm
- 1 goldener Tannenzapfen, 6 cm
- 1 Nikolaus, 5 cm hoch
- 1 m rot-grün-goldene Kordel
- 2 goldene Glöckchen, 2 cm hoch
- 1 Nikolaus, 4 cm hoch
- Bastelnadeln, 16 mm
- Zackenschere, Heißkleber

So wird's gemacht:

1. Bekleben Sie den Rand der Pyramide unten mit grünem Band. Bohren Sie in den Boden der Pyramide ein Loch für die spätere Anbringung des Stabes; bekleben Sie den Boden mit grünem Filz und verzieren Sie das Loch für den Stab, indem Sie 1 offenen Stern aufkleben (Abb. 1).

Abb. 1 Abb. 2

2. Schneiden Sie das Band zum Aufstecken mit der Zackenschere in 8 cm lange Stücke und falten Sie diese vor dem Aufstecken zu Dreiecken. Stecken Sie mit jeweils 4 Bastelnadeln unten auf die abgeschrägten Kanten je 1 Dreieck auf. Dazwischen stecken Sie je 1 weiteres Dreieck gerade auf.

3. In die Zwischenräume stecken Sie 1 cm nach oben versetzt 8 Banddreiecke (Abb. 2). So fahren Sie Reihe um Reihe fort, bis die Pyramide besteckt ist. Die abgeflachte Spitze der Pyramide bedecken Sie mit dem 8 cm langen, grünen Bandstück.

4. Füllen Sie den Terrakotta-Topf mit dem Steckmoos. Kleben Sie den Holzstab in der Pyramide in dem dafür vorgesehenen Loch fest, diesen wiederum stecken Sie in das Steckmoos und befestigen ihn darin mit reichlich Heißkleber.

5. Auf das Steckmoos kleben Sie die Tannenzweige in schöner Anordnung. An die Spitzen der Zweige kleben Sie im Wechsel Goldperlen und Goldsterne. Dekorieren Sie das Gesteck mit Tannenzapfen, Päckchen, Engel und Nikolaus.

6. Legen Sie um den Terrakotta-Topf die weihnachtliche Kordel, binden Sie eine Schleife und kleben Sie an die Kordelenden die kleinen Goldglöckchen, die vorher mit grünen Satinschleifchen verziert wurden. Auf den Knoten der Kordelschleife kleben Sie einen Nikolaus.

7. Zum Schluss drehen Sie die Goldkordel um die Pyramidenspitze und kleben sie fest. Dann krönen Sie den Baum mit einem offenen Stern.

Zur Autorin:

Ursula Fellmann ist Mitinhaberin eines Restaurants in der Nähe von Frankfurt am Main. Nachdem sie die Artischockentechnik und das Arbeiten mit Floristik-Materialien für sich als erfüllendes Hobby entdeckt hatte, begann sie damit, die Räumlichkeiten des Restaurants mit den von ihr gearbeiteten Stücken zu dekorieren. Das große Interesse ihrer Gäste und deren zunehmender Wunsch, die schönen Stücke kaufen zu wollen, veranlassten Ursula Fellmann vor zwei Jahren, ihre Bastelboutique zu eröffnen, die sie mit großem Erfolg führt. Die besondere Spezialität von Ursula Fellmann liegt in der Herstellung großer Themendekorationen wie zu Hochzeiten oder zu anderen Familienfesten.

Die Deutsche Bibliothek – CIP-Einheitsaufnahme

Neue Tisch- und Raumdekorationen in Artischockentechnik /
Ursula Fellmann. [Fotos: Udo Heisinger]. – Berlin : Urania-Ravensburger, 1999

ISBN 3-332-00721-1

Fotos: Udo Heisinger, Niederaula
Konzeption und Produktion: Jockel & Partner
Verlagsagentur, Karben
Redaktion und Fotostyling: Komma Redaktionsbüro
Gabriele Jockel, Karben
Umschlaggestaltung:
Behrend & Buchholz, Hamburg
Satz: Rolf Hanauer, Taunusstein
Druck: Himmer, Augsburg
Printed in Germany
Gedruckt auf alterungsbeständigem Papier
mit chlorfrei gebleichtem Zellstoff

Die Schreibweise entspricht den Regeln
der neuen Rechtschreibung

6 5 4 3 2 1 02 01 99